──────────── 님의 소중한 미래를 위해
이 책을 드립니다.

삶이 힘들고 지칠 때
심리학을 권합니다

이유 없는 아픔은 없어

삶이 힘들고 지칠 때

심리학을 권합니다

박경은 지음

메이트북스

메이트북스 우리는 책이 독자를 위한 것임을 잊지 않는다.
우리는 독자의 꿈을 사랑하고,
그 꿈이 실현될 수 있는 도구를 세상에 내놓는다.

삶이 힘들고 지칠 때 심리학을 권합니다

초판 1쇄 발행 2020년 11월 20일 | **지은이** 박경은
펴낸곳 ㈜원앤원콘텐츠그룹 | **펴낸이** 강현규 · 정영훈
책임편집 유지윤 | **편집** 안정연 · 오희라 | **디자인** 최정아
마케팅 김형진 · 차승환 · 정호준 | **경영지원** 최향숙 · 이혜지 | **홍보** 이선미 · 정채훈
등록번호 제301-2006-001호 | **등록일자** 2013년 5월 24일
주소 04607 서울시 중구 다산로 139 랜더스빌딩 5층 | **전화** (02)2234-7117
팩스 (02)2234-1086 | **홈페이지** www.matebooks.co.kr | **이메일** khg0109@hanmail.net
값 15,000원 | **ISBN** 979-11-6002-308-4 (03180)

이 도서의 국립중앙도서관 출판시도서목록(CIP)은 e-CIP홈페이지(http://www.nl.go.kr/ecip)에서
이용하실 수 있습니다.(CIP제어번호 : CIP2020044445)

사람은 자신의 고난을 세는 일을 좋아하지만, 기쁨을 세는 법은 모른다.
기쁜 순간도 세었다면 보다 더 행복해질 것이다.

• 도스토예프스키(러시아 출신의 대문호) •

"인간은 육체적 · 심리적 병 없이 살아갈 수 없다. 병을 통해 삶의 중심인 '자기'를 보게 되는 날부터 모든 질병과 마음의 병에서 자유로워질 수 있다."

얼마 전까지만 해도 '나는 누구인가?' '나는 무엇을 말하려 하는가?'에 중점을 많이 두었다. 그러나 지금은 '나는 무엇을 보고 있는가'에 대한 질문을 자주 하게 된다. 그런 관점에서 탐색하다보니 내가 무엇을 왜 했으며 어째서 누구에게서 상처와 상실감을 받게 되었는지를 알았다. 그것은 바로 '무엇을 보느냐'에 따른 왜곡된 관점이었다.

마음이 시끄러워질 때 질문을 하기 시작했다. '왜 이렇게 속이 시끄럽지? 무엇 때문에 불안하지? 무엇을 어떤 마음으로 바라보았기에?'라는 물음 속에서 모든 것을 관장하는 주체는 '나'임을 다시 자각했다. 내 안에 있는 질투, 욕망, 시기심, 서운함, 인정욕구, 수치심, 낮은 자존감 등을 들여다보면서 나를 수용하기 시작했다. "나는 아주 건강한 사람이다"라고 당당하게 말할 수 있는 사람이 있을까? 없다. 인간은 완전한 존재가 아니기 때문이다.

말은 수증기와 같지만 수증기는 증발되는 양이 많을수록 엄청난 태풍을 몰고 온다. 분노의 감정을 참지 못하고 뿜어낸 말들로 받은 상처가 거듭될수록 상처는 깊어지고 왜곡된 마음과 생각을 바탕으로 사물을 보게 된다. 하지만 이런 모습도 결국 '나'라는 사실을 부정할 수 없다. 있는 그대로 나를 받아들인다는 것은 창피한 감정까지도 받아들인다는 것을 의미한다. 때로는 치욕스럽고, 때로는 유치하고, 때로는 이 세상에 존재하고 싶지 않을 만큼의 감정도 '나'이기에 수용하는 연습이 필요하다.

내가 누구이고 어떤 사람인지, 어떻게 살아가는지를 잘 보려 하지 않고 다른 사람들에게 이끌려 살게 되면 결국 '나'는 존재하지 않음을 알게 된다. 자기 자신을 인정하지 못하고 자신이 누구인지도 모른 채 다른 사람을 인정한다는 것은 과욕이다. 가짜 감정이다.

나는 살면서 수많은 사람과 맺은 관계가 진짜 감정이라고 믿었다. 그랬기에 나를 이해하고 용서하며 못난 나와 화해하는 동안 참 많이 아팠다. 지금도 어제보다 나아지긴 했지만 이 과정은 현재진행형이다. 인정하고 싶지 않아서 발버둥칠수록 더 힘들어진다는 것을 누구보다도 잘 알고 있다.

살아가는 동안 누구에게나 있는 상처와 상실에서 자유로워져야 한다. 가장 쉬운 것은 관계를 깨는 일이고, 가장 힘든 것은 자신을 깨는 일임을 잊지 말아야 한다. 그래서 자기와 싸움이 필요하고 그것이 곧 자기성찰이 된다.

이 책은 5장으로 구성되어 있다. 1장은 오늘 상처 때문에 힘들다면 심리학을 추천한다, 2장은 원인 모를 고통은 있지만 원인 없는 고통은 없다, 3장은 지금 상실감 때문에 힘들다면 상담을 권한다, 4장은 열심히 살다가 길을 잃은 당신을 응원한다, 5장은 채우려면 반드시 비워야 한다로 구성해 다양한 사례를 바탕으로 전달하고자 하는 메시지를 담았다. 사례를 통해 내면을 성찰하고 자기 문제를 객관화할 수 있기를 바란다.

나는 힘든 관계 속에서 '안다'와 '모른다'를 깨닫기 시작했다. 어떤 사람이 "저 사람과 잘 아는 사이입니까?"라고 물으면 대답을 주저할 때가 많았다. '안다'는 말은 추상적이다. 어디까지 아는 것을 안다고 할 수 있을지 생각해보니 나는 그 누구도 아는 사람이 없다는 것을 깨달았다. 사람뿐만 아니라 다른 사람과 관련된 것이

나 내가 경험하지 않은 것에 대한 질문에 내 답은 '모른다'였다.

내가 한 행동에 대해서는 정확하게 말할 수 있다. 하지만 내 행동으로 인한 파장은 알려고 하지 않았기 때문에 아는 바가 없는 것이 맞았다. '모른다'로 시작해 '모른다'로 끝맺는 것이 마음의 안정을 가져오는 것을 자주 체험한다. 내가 어느 정도 '안다'고 생각하는 순간 교만과 탐욕, 시기심 등 부정적인 감정이 올라와 심리적 불편함을 주고 긍정의 아이콘을 부정으로 변환시키는 놀라운 일이 벌어진다.

나의 모든 시작과 끝은 '모른다'다. '모른다'는 것은 회피하거나 부정하는 것이 아니다. 위선(偽善)이 아닌 최소한의 도덕적 양심과 겸손이 체득된 진심 어린 사람이 되길 소망한다.

자신도 알지 못하는 가운데 매일 마주 하는 하루 속에서 사건 사고가 얼마나 많이 일어나는가. 그 속에 내가 존재함을 지각해야 나로서 존재할 수 있고, 나로서 자유로워질 수 있을 듯하다. 또 내가 소유하는 모든 것은 내 것이 아님을 알아야 한다. 그 모든 것에는 가족, 자녀도 포함된다. 이제 그만 자기상처와 상실감에서 벗어나라고 나 자신에게 먼저 외쳐본다. "그냥 나오면 돼. 생각하지도 말고, 두려워하지도 말고 그냥 걸어 나오면 돼."

내 생각과 마음을 글로 남기는 일이 큰 힘이 되고 용기가 되었다. 메이트북스와의 인연은 참으로 기대되고 설레게 해주었다. 정영훈 이사님의 마음 씀씀이가 넉넉하고 따뜻했다. 좋은 인연에 깊이 감사드리며 메이트북스 편집부에도 감사드린다. 항상 옆에서 응원해주는 남편과 아들 현균, 딸 지현에게도 깊은 애정과 사랑 그리고 감사를 전한다.

모든 일에서 어제보다 오늘 더 좋아지고 있다고 믿을 뿐이다. 이 세상 모든 것이 내 것이 아니고 내 뜻대로 되는 것이 아님을 깨닫게 하심에 감사드린다.

코로나19로 힘겨운 분들과 마음을 함께하며
가득이심리상담센터 박경은

인간관계가 깨지는 이유는 따로 있다
오늘 나는 무엇 때문에 힘들었나
분노, 불안, 두려움은 조절할 문제가 아니다
인생에서 피하고 싶은 사람을 잘 관리하려면
좋은 관계의 가장 큰 적은 질투와 시기심이다
몸에 밴 상처, 이유 없는 울음은 없다
마음의 교통사고를 쉽게 말하지 말자

1장

오늘 상처 때문에 힘들다면
심리학을 추천합니다

인간관계가 깨지는 이유는 따로 있다

어떤 결정을 하든 자신을 비난하지도 자책하지도 말아야 한다. 자기 결정을 스스로 존중해야 한다. 자기 비난만 멈춰도 인생이 달라진다.

선을 넘으면 관계는 깨진다

우리는 흔히 '있을 때 잘해'라는 말을 한다. 이 말의 의미를 깨진 관계를 보면서 깨달았다. 이는 그 사람이 옆에 있을 때 감사함을 잊지 말라는 것이었다. 감사함은 서로의 존재를 소중히 여기고 순수한 마음까지 알아주는 진실한 마음이다. 우리는 누구와 가까워지거나 친해지면 상대방을 편히 대하게 된다. 하지만 그 편함에는 기본적인 존중과 예의가 있어야 한다. 상대방을 존중하는 마음 없이 편하게만 대하면 그 관계는 오래지 않아 깨진다.

　'편하다'라는 말은 각자 상황에 따라 다르게 받아들여진다. 우리는 모두 감정을 지닌 존재이기 때문이다. 한두 번 또는 서너 번은 '그래, 편하니까 그럴 수 있지'라고 생각할 수 있다. 그러나 그이상 선을 넘으면 감정이 상하게 된다. 물론 모든 사람이 그런 것은 아니라서 어느 정도 선을 넘어도 이해하고 받아줘 관계가 계속되는 경우도 있다. 그러나 여러 번 반복되다보면 결국 그 관계는 깨질 수밖에 없다. 이 또한 사람의 성향이기에 정해진 답은 없다.

자기 이익만 챙기는 A라는 사람과 다른 사람의 의사와 상관없이 과잉친절과 배려가 몸에 밴 B라는 사람이 있다. B가 A의 이기적인 마음과 행동에 대해 계속 이야기했지만 A는 가면을 절대 벗지 않았다. 기회가 많았는데도 A는 B의 신호를 알아차리지 못했고, B는 끊임없이 '관계 끊음'을 통보했지만 A는 자기식으로만 해석했다. '너는 그래도 나하고는 관계를 끊지 못할 거야. 넌 착한 사람이니까'라고 생각한 것이 A의 오산이었다.

긴 시간이 흐른 뒤 A가 연락을 해오면 B는 A의 전화를 받아야 할까? B가 A의 연락을 받았고 A가 B에게 사과한다고 해서 그들이 예전처럼 돌아갈 수 있을까? 그것은 그들의 선택 문제이지만 이미 깨진 관계는 깨진 것이다. 깨진 유리를 원상태로 복구할 수는 없다.

'옆에서 힘이 되어주는 친구로 있을 때 잘했으면 좋았잖아.' '누가 잘하래?' '그냥 있는 그대로 나를 인정해주면 되잖아!' '지금까지 너 편할 대로 했으니 이제는 내 마음대로 할 거야.' 이렇게 각자 마음의 소리를 인정하는 것이 중요하다. 또 자신을 있는 그대로 인정해야 한다. 살아가면서 많은 사람을 만나지만 그때마다 늘 기쁘고 즐거운 것은 아니다. 그렇다고 늘 힘들고 괴로운 것도 아니다. 희로애락이 함께 있으니 서로 소통하며 사는 것이다.

그런데 누군가를 만나면서 자꾸 자책하고 만나야 할지 말아야 할지 늘 고민한다면 그 만남이 자신에게 어떤 의미가 있는지 탐색해봐야 한다. 어떤 결정을 하든 자기 자신을 비난하지도 말고 자책하지도 말아야 한다. 자기 결정을 스스로 존중해야 한다. 이런 경험이 하나씩 쌓이다보면 관계가 깨질까봐 두려워하기 전에 내면의 단단함을 볼 수 있다.

인간관계는 왜 깨질까

인간관계가 깨지는 원인은 크게 두 가지로 살펴볼 수 있다. 첫째, '나만 옳다'고 주장하면 그 순간 관계는 깨진다. 가뭄에 쫙쫙 갈라진 땅처럼 동시다발로 깨진다. 마치 유리컵을 바닥에 떨어뜨렸을 때처럼 깨져버린다. 물론 '나만 옳다'고 주장하는 내용은 상황에 따라 다르다. 또 상대방 마음을 헤아리지 않을 때 관계는 깨진다.

둘째, 기질과 성향에 따라 교묘하게 말을 포장하는 사람도 있고, 약한 척 다른 사람의 동정을 받아 자기편으로 만들어가는 사람도 있고, 대놓고 자기 성향을 드러내는 사람도 있다.

우리는 다양한 모임 속에서 존재하고 살아간다. 물론 전혀 모임을 하지 않는 사람도 있고 모임에 들어갔다가 탈퇴하고 모임이라는 형태를 싫어하게 된 사람도 있다. 모임을 대하는 모습이 왜 다 다를까? 개인적 관계에서는 양심이 작동하지만 집단에서는 양심이 작동하지 않고 집단의 색깔대로 움직이기 때문이다. 집단에서는 리더의 색깔이 중요하게 작용한다. 그러니 '내가 옳다'고 주장하다 모임에서 나오는 사람도 있지만 집단에서 소외되는 것이 두려워 그대로 머무는 경우도 많다.

나는 어떤 사람일까? 나는 개인적인 인간관계나 집단에 잘 적응하는 사람인가? 만약 '적응하지 못하는 사람'이라면 그 이유는 무엇인가? 적응하고 싶지 않은 자신을 그대로 인정할 수도 있고 '꼭 적응해야 하나' 반문하며 자기 삶을 굳건히 살아가는 경우도 있다.

인간관계에서 상처를 받은 사람에게는 대인기피증, 대인공포증, 사람에 대한 노이로제가 있다고 한다. 그 이유를 더 깊이 탐색해보면 '자기소외'를 경험했기 때문이다. 자기가 하는 일을 전혀 인정받지 못하거나 자기 욕구가 좌절되거나 자기 뜻이 전혀 다른 의미로 전달되어 오해를 받은 경험으로 인한 상처들이 인간관계에 불편함을 가져온다. 스스로 느끼는 '소외감'이라고 할 수 있다. 그러나 이를 자기 문제로만 받아들이기에는 억울할 때가 있다. 그럴 때는 상황을 피하지 말고 냉철하게 현실을 보려고 노력해야 한다. 자신이 처한 상황을 감정적으로 받아들이기보다는 이성적으로 보는 눈을 꾸준히 키워야 한다. 그렇게 하다보면 자신을 객관적으로 탐색할 수 있게 된다. 처음에는 낯설고 익숙치 않을 것이다. 콩나물시루를 생각해보자. 시루에 물을 붓자마자 그대로 물이 빠진다. 그런데도 콩나물시루에 물을 주는 일을 매일 해야 하는 것과 같다.

우리가 마음대로 할 수 없는 영역은 생각보다 많다. 우리는 흔히 자신이 생각을 만들어내는 주체라고 착각한다. 하지만 우리는 생각을 만들어낸 주인이 아니라 그 생각을 받아들이는 '그릇'일 뿐이다. 따라서 우리가 느끼는 불쾌한 감정은 좋은 감정으로 바꿀 수 있다. 그러나 꿈을 마음대로 만들어내거나 불쾌하다고 해서 없애거나 하는 식으로 그 내용을 바꿀 수는 없다. 그릇 크기에 따라 관계형성에도 차이가 있다. 개인의 의식 차이뿐만 아니라 의식 자체를 이해하지 못하는 심리적 이유로도 인간관계는 깨진다.

우리는 좋은 일만 있을 때는 깨달음을 얻기 어렵다. 특히 인간관계에서 어려움을 겪을 때 놀라울 정도로 깨달음을 얻게 된다.

깨달음을 체험하는 과정에서 감사하는 마음과 행복한 마음을 가질 수 있다는 것은 자신에게 중요한 요소가 된다. 우리 안에는 신성이 있고 놀라운 능력(잠재력)이 있다. 그중에는 치유할 수 있는 능력, 수용할 수 있는 능력, 자기를 용서할 수 있는 능력 등 증명할 수 없는 능력이 많다. 우리는 아프면서 성장한다. 내적 성장을 원치 않는다고 해서 아프지 않을까? 그것은 아니지만 비록 현실에서는 아프더라도 어떤 상황에서도 자신을 아프게 하지 말아야 한다.

또한 인간관계가 깨지는 이유 중 하나가 성격이 서로 다른 것이다. 자기 성격이 직접적 원인이 될 수도 있고 간접적 원인이 될 수도 있다. 표현을 잘하는 사람과 잘 못하는 사람들 간의 갈등구조에서 서로 의사소통하는 방법을 배우는 것도 관계 개선에 도움이 된다. 다만, 인간관계가 깨지는 것이 두려워 혼자서 너무 애쓰는 것은 그리 좋은 방법이 아니다.

그렇다고 해서 자기 성향대로 다른 사람을 대해서도 안 된다. 모든 것은 자연스럽게 이루어져야 한다. 인간관계에서 깨질 것은 아무리 애를 써도 깨지고, 깨지지 않을 것은 그냥 두어도 깨지지 않는다. 어쩌면 의식적인 세계보다는 영적인 세계가 더 우세하기 때문일 것이다. 매 순간 자기 처지보다 다른 사람의 마음을 헤아리는 마음의 그릇을 만들어가려고 노력해야 한다.

오늘 나는
무엇 때문에 힘들었나

힘들어지는 자신을 보호하는 방법은 다른 사람과 관계에서 '건강한 거리 두기'를 하고 '적당히 거절'하는 것이다.

살면서 인간관계에서 배운 것들

30대까지는 그냥 사람이 좋았다. 만나는 사람마다 믿고 따를 정도였다. 삶을 맞이하는 마음이 어설펐고, 사람을 새롭게 맞이하는 마음이 늘 청명할 정도로 기쁘고 즐거웠다. 40대가 되니 세상이 달라졌다. 세상이 그사이에 바뀐 것이 아니라 내가 세상을 바라보는 마음의 방향이 바뀌었다. 사람이면 다 좋은 것이 아니라 마음 편한 사람이 최고라는 걸 경험했다. 내가 사회생활을 하면서 놓친 부분이 있다면 그것은 경제력이었다. 가진 것이 없어도 마음만 풍족하면 되는 줄 알았다.

돈이 전부가 아니라는 걸 알고 있지만 현실에서는 때때로 비참한 마음이 들게 한 것도 돈, 인맥, 명예, 권력이었다. 부모님에게서 "사람은 성실해야 한다. 열심히 노력하면 꿈을 이룰 수 있다"는 말을 자주 들었다. 그런데 세상을 성실하게 열심히 살다보니 다른 사람들의 먹잇감이 되는 것은 한순간이었다.

　　"젠장, 성실하게 살아도, 진실하게 살아도 세상은 나를 인정해주지 않네"라고 하소연하는 사람들을 우리는 흔히 만날 수 있다. 이제 50대를 살다보니 그것이 전부가 아님을 더 많이 알게 되었다. 거기에는 아주 중요한 실마리가 빠져 있었다. 힘들고 불합리한 상황이 닥쳤을 때 그것을 재해석하는 과정에서 긍정의지를 놓쳤다는 것이다. 끝까지 믿고 따라가야 하는데 어느 순간 세상을 비관적으로 바라보는 것이 더 쉬웠던 것은 아니었나 생각해보게 되었다.

　　무너지고 주저앉아도 잊지 말아야 했던 것은 소박한 내 마음이었다. 현재 처한 상황에서 포기하지 않는 의지와 그 상황을 오히려 기회로 만들려는 긍정적인 재해석 능력이 약했던 것이다. 세상은 그리 비관적이지만은 않다. 다들 사회가 썩었다고 말을 하지만 그래도 우리는 그 속에서 다시 살아갈 수 있다.

　　나와 다른 사람을 보면 불편할 때가 있다. 분노가 많은 사람, 불평이 많은 사람, 욕심이 많은 사람을 만나면 불편해진다. 그런 사람들은 아무리 지식이 많고 학문에 조예가 깊더라도 삶의 멘토가 되지 못한다는 것을 깨달았다. 그것은 균형 잡히지 않은 그들의 모순된 삶 때문이었다. '나는 어떤 사람일까?'라는 질문에 대해서 잠시 탐색을 멈췄다. 그 대신 '무엇을 보았느냐?'라는 물음에 대해서 탐색한다. 무엇을 보고 있는가? 무엇을 어떻게 보았는가? 스스로 묻고 답한다. 내가 분노와 욕심을 보지 않고 애쓴 삶을 더 봤더라면 타인에 대한 마음가짐과 태도는 달라졌을 것이다. 이처럼 자신의 마음가짐에 따라서 상황에 따른 불편한 사람들이 눈에 들어오게 된다.

우리는 자신의 기준에 따라 사람을 판단하지 않는가? 결국 '나는 무엇을 보았는가?'에 대한 답은 '나의 솔직하지 않음'을 보았다는 것이다. 이 말의 의미는 불편하면서도 불편하지 않은 척하는 가식된 자신의 모습을 보았다는 것이다. 그렇다면 무엇이 그렇게 보게 했을까? 그것은 선입견이었다. 선입견이 있는 그대로 바라보지 못하게 했다. 타인을 보면서 내 얼굴을 본다. 타인을 어떻게 바라보느냐에 따라서 내 안의 그 무엇이 불편한 감정을 느끼게 했는지를 생각한다. 자신의 불편한 감정과 타인은 전혀 무관하다. 자신의 생각과 감정이 결국 자기 괴로움의 주범이다. 자신을 괴롭히는 생각과 감정을 그냥 놓아버려야 한다. 그것이 내가 사는 길이다.

나는 살아오는 동안 사람마다의 순수한 마음을 귀하게 여기고, '마음 하나' 함께하는 것을 소중히 하고, 너 때문이 아닌 나 때문으로 마음의 빚을 지려는 사람이 흔치 않다는 것을 배웠다. 그 깨달음과 배움으로 이제는 조금 성숙해져서 혼자 있을 때는 내 마음의 흐름을 살피고 다른 사람과 있을 때는 내 입에서 나오는 언어를 살피는 연습을 하고 있다.

일방적인 것은 아무것도 없다

'나는 무엇 때문에 힘들어하는가?' 이 물음에 답을 먼저 제시하면 어린 시절의 두려움, 불안전한 애착, 통합 부족, 결핍, 취약함, 열등감, 낮은 자존감 등이 원인인 경우가 많다. 그리고 양가감정이 심할 경우에도 그럴 수 있다. 양가감정은 동일한 대상에 대해 상반된 감정을 동시에 가지는 것을 말한다. 한편, 이 질문 자체에 반론을 제기할 수도 있다. 다른 사람이 일방적으로 피해를 주는 경우에도 '내 잘못입니까?'라고 반문한다. 하지만 일방적인 것은 없다.

다시 말하면, 서로 생각이 다른 관점에서 일방적일 뿐이고 피해를 보는 사람에게는 그 나름의 이유가 있다. 그 이유가 '타당하다, 타당하지 않다'는 것은 그리 중요하지 않다. 오로지 중요한 것은 억울함을 표출하는 것이다. 그 과정에서 이해되지 않는 부분과 오해의 소지가 있는 것이 있고 자기 욕구를 배제했기 때문에 양가감정은 존재할 수밖에 없다.

동창 모임이라는 말만 나와도 급격히 우울해지는 사람이 있다. 왜 그럴까? 그 사람은 동창생을 만나고 싶어도 못 만나기 때문이다. 이름을 여러 번 바꾸고 전화번호도 자주 변경한 것이 그 원인이다. 그전까지는 몇몇 친구와 연락이 가능했다. 어떤 사람은 졸업한 학교에 전화하면 동기들 연락처를 알려준다고 귀띔했지만, 그는 연락하기를 아예 포기했다. 결국 자기 자신이 선택한 일이다. 그러면서 스스로를 힘들게 하는 이유는 무엇일까?

위와 비슷한 사례는 아주 많다. 자기가 포기한 것은 그대로 둬야 하는데 그렇지 못한 이유는 자신 안의 결핍 때문이다. 갖고 싶으나 갖지 못하는 자신의 성향, 취약함이 늘 자신을 힘들게 한다. 또 현재 자기 처지가 불만스럽기 때문이다. 원인은 셀 수 없이 많다. 그런데 아무 원인도 없이 갑작스럽게 곤경에 빠지는 경우도 있다. 하지만 이것도 깊이 탐색해보면 원인이 없는 것이 아니다. 다만 자신이 인지하지 못했을 뿐이다.

우리는 판도라 상자를 하나씩 가지고 있다. 자신의 판도라 상자를 열어본 적이 있는가? 알고 싶지 않은 것을 알았을 때 얼마만큼 감당할 수 있는가? 또는 그것이 '진실'인지 생각해보았는가?

"진실은 너무 눈이 부셔서 감히 쳐다볼 수 없다"라는 말이 있다. 어쩌면 판도라 상자는 열어보지 않고 그대로 둘 때 아름다운 존재로 남을지도 모른다.

가령 친자식이 아닐 거라는 의심이 들어 유전자검사를 했는데 정말 친자식이 아니라는 판정을 받았을 때 어찌할 것인가? 차라리 친자식이라고 믿는 것이 덜 고통스러운 것은 아닐까? 무슨 일이든 자신이 놓인 상황에 따라 달리 해석하게 마련이다. 어떤 것이 '옳고 그르다' 또는 '더 낫다'고 말할 수 있는 문제는 아니다. 결국 자신의 판도라 상자를 열어본 결과이니 그 책임도 열어본 사람 몫이다. 그 몫을 감당하지 못해 세상을 너무 힘들게 살아가는 사람도 있다.

'저 사람은 좋은 사람이야'라고 생각하면 어느새 뇌에서는 그를 '믿을 만한 사람' '사랑해도 될 사람'으로 인지하게 된다. 부정적인 선입견으로 '저 사람은 나쁜 사람이야'라고 생각하면 뇌에서는 '못 믿을 사람'으로 인지하게 된다. 이는 생각일까, 마음일까? 진실일까, 거짓일까? 이것도 저것도 아니다. 단지 그렇게 믿고 싶은 것뿐이다. 그렇게 믿고 싶은 자신이 결국 자신을 힘들게 한다.

또한 정리되지 않은 감정으로 가장 가까운 가족에게 좋지 않은 영향을 주기도 한다. 자신의 심각한 심리적 문제가 모임에서 탈퇴하고, 교육에 불성실하게 참여하고, 약속을 취소하고, 건강은 물론 가족의 행복도 포기하게 만든다. 그 모든 것이 '자기 문제', 즉 자신의 결핍에서 왔다는 사실을 인정해야 한다. 인정해야만 비로소 더는 자신을 힘들게 하지 않는다.

　나는 누구일까? 나는 어떤 사람일까? 나는 어디서 왔을까? 나는 무엇을 위해 살까? 나는 무엇을 하고 싶을까? 나는 무엇을 할 때 행복할까? 내 삶에서 가장 중요한 사람은 누구일까? 나는 나 자신에게 어떤 도움을 주고 있을까? 어떤 일이 생겼을 때 해결하지 못하고 반복하는 이유가 무엇일까? 우리는 수없이 질문을 던져봄으로써 '자기 돌보기'를 해야 한다. 힘들어지는 자신을 보호하는 방법은 다른 사람과 관계에서 '건강한 거리 두기'를 하고 '적당히 거절'하는 것이다.

　덧붙여 어떤 것을 선택했을 때 그 책임을 자기 몫으로 '즐겁게 인정하는 삶의 태도'로 바꾸는 것이 중요하다. 좌절하고 상실한 경험을 바탕으로 성장할 수 있었음에 감사하는 마음도 자신을 기쁘게 하는 방법이다.

누구나 어른인 척은 할 수 있지만 누구에게나 어른스럽다고 하지는 않는다. 어른스러움은 '나다움'에서 좀더 성장한 얼굴이다.

분노는 소유하려는 마음에서 온다

분노라는 말에 왠지 모를 불편한 감정이 올라온다. 사람관계에서 흔하게 겪는 분노는 자신에게 상처가 된다. 되도록 타인의 어떤 행동이나 말 때문에 상처받지 말아야 한다. 그것은 내것이 아닌 다른 사람의 감정으로부터 오는 가짜 감정이기 때문이다. 타인이 주는 감정을 냅다 받아먹는 사람은 마치 낚싯줄에 걸려든 고기처럼 그 뒤로 만만한 대상이 될 개연성이 많기 때문이다. 이것은 다른 사람을 자기 발아래 두고 군림하고 싶은 심리다.

　"사람 위에 사람 없고 사람 아래 사람 없다"는 말은 너와 나는 동등한 존재, 인격적 존재라는 의미다. 즉 소유하는 삶보다 존재하는 삶으로 서로 공존하는 것이 진짜 세상다운 세상을 사는 것이다. 그런 세상이 오기까지는 많은 길을 걸어가야 할지도 모른다. 우리는 이미 존재보다 소유에 가까운 삶을 살고 있는지도 모른다. 어쩌면 분노는 존재가 아닌 소유하려는 마음이 더 커서 자신을 괴롭히는 것일지도 모른다.

세상에는 만만하게 보이는 사람이 있다. 그 이유가 무엇인지 알고 싶어 주변 사람들 각각의 대인관계 이야기를 들어보고 논문 자료나 인문학, 심리학 관련 책 등에서도 자료를 찾아보았다. 단지 표현하는 언어 차이가 있을 뿐 그 내용은 별반 다르지 않았다. 대표적인 유형을 정리하면 진짜 착하고 순수한 사람, 착한 사람 콤플렉스를 가진 사람, 학업·경제력·재능 등에 대한 열등감을 가진 사람, '빽'도 '줄'도 없는 사람, 거절을 못하는 사람 등이다. 이 다섯 종류 사람들의 공통 특성 중 하나는 수동-공격성을 가지고 있다는 것이다. 즉 다른 사람에게 순순히 당하는 것처럼 보이나 자신 안의 분노와 억압은 그 상대가 아닌 엉뚱한 곳에 표출하는 것이다.

사람을 잘 이용하는 사람들은 자연스럽게 어떤 사람이 만만한지 금방 알아챈다. 마치 사자가 사냥감의 냄새를 맡는 것과 같다. 사람을 인격적 존재라기보다는 자기 이익을 채우는 도구로 생각하는 경우와 처음부터 만만하게 보지는 않았는데 만나다보니 너무 착하고 편해서 막 대하게 되고 결국 이용 대상으로 삼는 경우가 그렇다. 때로는 스스로 그런 존재이고 싶어하는 사람도 있다.

사람을 도구로 생각하거나 만만하게 대하면서 자기 이득을 취하는 이들에게는 공통점이 있다. 사람은 대개 성장 배경이나 환경 또는 부모·형제와 주변 사람들과 관계에서 일어난 수많은 상황 속에서 신뢰, 안정, 불안, 분노, 두려움, 억압, 기쁨, 감사 등 다양한 감정이 내재화된다.

부모는 대개 자녀가 착하게 자라길 바란다. 어떤 부모는 '착한 아이는 이렇게 해야 해'라고 가르치기까지 한다. 부모 말을 잘 듣고 자기 일을 스스로 잘하며 누가 봐도 칭찬이 끊이지 않는 행동만 하는 아이가 되기를 원한다. 그런 아이가 정말 아이다운 아이일까? 그런 아이를 우리는 '착한 아이'라고 한다.

아이들은 부모와의 관계를 통해 세상을 살아가는 법을 배우고 사람들과 관계를 형성한다. 부모와의 관계는 아이의 인생관을 결정할 만큼 중요하다. 이 과정에서 부모와 건강한 관계맺음을 한 아이는 세상과 자기 자신에게 당당하다. 반대로 부모와 건강한 관계를 맺지 못한 아이는 부모에게서 버림받을지도 모른다는 두려움을 가지고 세상을 접하게 된다. 그런 아이는 착한 아이처럼 행동한다. 겉으로는 부모 뜻을 어기지 않고 남의 눈치를 살피는 긍정적인 사람처럼 보이나 내면은 부정정서로 가득한 사람으로 성장하게 된다.

　세상은 따뜻한 정서가 필요한 사람들에게 애정을 주는 것이 아니라, 오히려 더 날카로운 칼날을 들이댄다. 그럼 그들이 어떻게 버틸 수 있겠는가? 더 나은 사람이 먼저 길을 안내해주는 것과 같이 긍정정서가 좀더 많은 사람이 품어주어야 한다. 그러나 아이러니하게도 세상은 정반대로 흘러간다. 더 깊이 탐색해보면 '도긴개긴'일 수도 있다. 오십보백보, 도토리 키 재기처럼 별반 차이가 없다는 것이다.

코로나19로 인한 불안함과 두려움

지금 우리는 코로나19로 심리적 전쟁을 벌이고 있다. 코로나19에 어떻게 대처해야 할까? 스스로 지킬 수 있는 것은 외출 자제, 기본 손 씻기, 기침할 때 지켜야 할 행동규칙 등이다.

　사람은 구속받는 것을 좋아하지 않는다. 내가 타인을 구속하는 것은 괜찮을지 모르나 타인이 나를 구속하는 것이나 나 자신을 구속하는 것에는 익숙하지 않다. 그만큼 사람은 자기중심적이다. 그런데 지금은 신종바이러스 때문에 국가적 방침에 따라 타의로 구속되어야 하는 시기다.

심리적 구속은 똑같은 일상을 보내는데도 답답함, 불안, 우울을 동반한다. 일주일 동안 바깥출입을 하지 않아도 즐겁고 행복했던 사람이 바깥출입을 자제하라는 권고를 듣고 난 후 사흘째 되니 호흡곤란을 느끼고 공황장애 증상을 보이며 정신과 약을 복용하기도 한다.

심리적 맷집에 강한 사람, 자기 내면을 위해 임상훈련을 단단히 받은 사람도 평소보다 우울감을 극도로 느끼는 것은 흔한 일이다. 또 일상에 불안이 많은 사람인 줄은 알았지만 다른 사람들이 볼 때 아무 일도 아닌 것으로 수시로 분노를 표출하는 이들이 곳곳에 있다. 우리는 모든 것을 자기 잣대와 자기 관점에서 바라보기 때문에 타인이 자신에게 전적으로 공감하리라고 믿으면 오히려 상처받기 쉽다.

외출을 자제하라고 권고했는데도 백화점 명품관, 한적한 곳에 있는 커피숍, 피시방 등에는 사람이 많다. 우울한 자신을 위해 기분전환을 하려고 모여든 이들이다. 즉 자신에게 주는 정신적 보상이다. 또는 자신과는 상관없는 일이라고 간주하는 이들도 간간이 볼 수 있다. 자연재해나 불가사의한 일들이 닥쳤을 때 대처할 능력이 없다고 주저앉기보다는 그런 상황에서 오는 우울과 불안, 공포감을 줄이려고 선택하는 것 중 하나가 쇼핑이다. 특히 홈쇼핑을 즐겨하는 사람이 점점 늘고 있다. 귀하고 소중한 자신을 위한 우울 탈출법이다. 물건값이 얼마인지가 중요할 수도 있는데, 이런 상황에서 그것은 나중 문제다.

두려움을 없애는 방법은 간단하다. 두려워하지 않는 것이다. 괴로움이 싫은 사람에게 괴로움을 없애는 방법이 곧 괴로워하지 않는 것과 같은 원리다. 행복해지고 싶다면 지금부터 괴로운 마음을 과감히 버리면 된다. 이렇게 말처럼 쉽다면 얼마나 좋을까? 두려움은 그런 상황에서 어떻게 헤쳐 나가야 할지 모르기 때문에 생기는 감정이다. 그 방법을 안다면 두려움이 아닌 다른 감정, 즉 시원·통쾌 같은 상쾌한 감정을 느끼지 않을까.

어떤 상황이 벌어졌을 때 어떻게 지혜롭게 잘 넘어가느냐에는 사람마다 자라온 환경에서 문제를 해결한 경험이 중요하다. 부정적인 자아상을 가지고 있으면 사소한 걱정과 두려움에도 큰 공포감을 느낄 수 있다. 따라서 내 내면에는 어떤 자아상이 있는지 들여다보는 것도 필요하다.

이때 인간의 힘으로 통제하지 못하는 불가항력적인 상황에서는 좀더 성숙하게 대처하는 어른스러움이 필요하다. 누구나 어른인 척은 할 수 있지만 누구에게나 어른스럽다고 하지는 않는다. 어른스러움은 '나다움'에서 좀더 성장한 얼굴이다. '나답다' '어른스럽다'는 것은 어렵고 힘든 상황에서 때로는 감정을 상하더라도 적절하게 대처하는 능력을 포함한다. 늘 자기 행동을 자각하지 않을 때는 '~인 척'은 가능하나 '~스럽다'는 어려운 숙제일 수 있다.

신종바이러스는 앞으로도 계속 나올 것이다. 따라서 어쩔 수 없는 상황에 어떻게 잘 대처하느냐, 의학기술이 신종바이러스보다 얼마나 더 빠르게 발전해 새로운 백신을 만들어내느냐 등의 싸움인 듯하다. 전파 속도는 빠르고 치사율은 낮은 신종바이러스가 어쩌면 열감기처럼, 독감처럼 해마다 유행하게 되고, 그 속에서 우리는 자가면역을 키워 바이러스와 싸우고 결국 이겨야 하는 전쟁을 앞으로 계속해야 할지도 모른다.

이런 상황에서 우리가 기본적으로 해야 할 일들이 있다. 그것은 바로 평소 건강을 지키는 일이다. 기본 운동 습관(걷기 등), 식사 습관, 잠자는 습관 등 '먹고 자고 싸고'는 기본적으로 잘해야 한다. 어떻게 잘 먹었는지, 어떻게 잘 잤는지, 변은 어떻게 잘 봤는지를 먼저 살피고, 지병이 있는 사람은 지병에 따른 식습관을 보충해서 잘 지켜야 한다. 면역이 약한 사람에게는 어떤 바이러스도 그냥 넘어가지 않는다. 자기 건강을 먼저 살피는 것이 곧 가족 사랑, 나라 사랑이다.

인생에서 피하고 싶은 사람을 잘 관리하려면

> 피한다고 피해지는 것이 아니며 놓았다고 놓아지는 것이 아니다. 자신에게 더 확실하게 집중할 때 비로소 자연스럽게 피해지고 놓아진다.

피하고 싶은 사람과 관계 맺는 방법

우리는 살면서 수많은 사람을 만나거나 스쳐 지나간다. 그중에는 피하고 싶지만 피하지 못하고 그 때문에 시달리는 이들이 의외로 많다. 피한다고 피해지는 것이 아니며 놓았다고 놓아지는 것이 아니다. 자신에게 더 확실하게 집중할 때 비로소 자연스럽게 피해지고 놓아진다. 자연스럽게 피하고 놓아지는 방법은 자기에게 쓰는 시간과 좋아하는 것을 실천하는 횟수가 많아져 자신에게 집중하는 것이다. 행여 누군가를 통해 더 나아가려 하거나 점프하려 하지 말아야 한다. 그러면 결국 타인에게 의존하게 되고 끌려가게 된다. 성향에 따라서는 그런 것을 잘 이용하는 이들도 있다.

남을 이용해서 성장한 사람과 자신을 비교하지 말아야 한다. 그런 마음이 자신을 더 조급하게 하고 피폐하게 만든다. 스스로 속도를 조절해야 한다. 그것이 바로 자신에 대한 꾸준함이고 믿음이다. 처음에는 너무 힘겨워 포기하고 싶고 다른 사람에게 기대고 싶다. 하지만 그 시간을 버텨야 하며 일어나기 위해 애써야 한다. 너무 힘들 때는 그대로 주저앉아 쉬어도 좋다. 그러나 잊지 말고 계속 나아가야 한다.

악한 기운을 가진 사람을 만나면 아프게 된다. 그것이 어떠한 형태이든 상관없이 아프다. 맞설 힘도 이겨낼 힘도 없기 때문이다. 마치 마음먹고 사기 치는 사람을 이기지 못하는 것과 같다. 그런 사람들은 너무 교묘하고 흉악해서 보통 사람은 잘 알아채지 못한다. 그들을 분별할 수 있는 마음의 눈은 스스로 경험을 통해 지혜롭게 길러가야 한다. 자기 행복을 보장해주는 것은 다른 사람의 마음과 정성을 무참하게 짓밟으며 자기 목표를 성취하는 데 있지 않다. 자신에 대한 꾸준한 성실함과 양심을 바탕으로 한 인성을 갖추고 자기에게 집중하는 시간을 마련하는 것이 필요하다.

내 중심에는 '사람'이 있다. 사람마다 각자 사연이 있으니 '오죽했으면'이라는 말로 위안하기도 한다. 그렇게 살아갈 수밖에 없을 때 마음뿐 아니라 몸도 힘들다는 것을 모른 채 살아가는 사람도 많다. 무엇보다 먼저 자신을 사랑하고 돌봐야 한다. 성숙한 사람은 자기를 잘 안다. 지금은 다른 사람을 밟고 우뚝 서 있는 것 같지만 심리적 결핍을 얼마나 더 감춰야 할지, 그걸로 어느 부분이 중독되어 있는지 지각하지 못하면 공허함은 커질 것이다.

아기가 세상에 태어났을 때 백지처럼 다가오는 세상을 낯설게 느낄 텐데, 그 이유는 세상이 어떤 곳인지 경험이 없기 때문이다. 그 낯선 느낌에 엄마는 끊임없이 의미를 부여해준다. 말도 못하는 아기에게 "그랬어?" "속상했구나." "엄마 여기 있어." 등 다양한 말을 건네며 낯설어하는 아기가 불안에서 벗어나 안정감을 갖도록 도와준다. 아기에게 반응해주고 수용해주고 눈 맞춤을 해줌으로써 세상이 믿을 만한 곳임을 경험하게 해준다. 그러나 자신을 양육하는 사람에게 우울증이 있거나 건강하지 않은 자기애적 성향이 있거나 가족과 불화를 자주 경험한 느낌을 받는다면 아기는 세상에 대한 관심이 없어지고 마음의 문을 닫게 된다.

피하고 싶어도 어쩔 수 없이 만나는 사람

우리는 좋은 사람이고 싶고 좋은 사람을 만나고 싶어한다. 그러나 삶은 그리 호락호락 내 마음대로 되지 않는다. 대화를 하다보면

'이런 사람은 만나고 싶지 않다, 이런 사람은 피하고 싶다'는 각각의 유형을 파악할 수 있다. 사람과 소통하며 살기에 '사람 간의 관계'는 삶에서 빠질 수 없다. '이런 사람은 피하고 싶다'고 생각해본 적이 없다고 말하는 사람은 잘 살아왔거나 자신 외에 다른 사람에 대해서는 무관심한 사람이다. 반대로 있다고 말하는 사람은 다른 사람에게 한 번 이상 상처를 경험한 경우다. 그리고 그 대상은 타인일 수도 있고 자기 자신일 수도 있다.

피하고 싶지만 어쩔 수 없이 만나게 되는 사람을 영화나 드라마에 나오는 사례로 간추려보면 다음과 같다.

- 연약한 척하는 사람
- 다른 사람에게 깍듯이 대하지만 내면에서는 탐욕과 욕심을 채우기 위해 잔머리를 굴리는 사람
- 갑질을 당하는 사람 같은 표정을 짓지만 실제로는 무섭게 갑질하는 사람
- 돈과 명예에 눈이 멀어 은혜도 모르는 사람
- 자신을 도와주고 키워준 스승을 배신한 것으로 모자라 죽이기까지 하는 사람
- 도움은 많이 받으면서 자기 것은 전혀 베풀지 않는 사람
- 자신의 성장을 위해서라면 수단과 방법을 가리지 않는 사람

- 겸손한 척하면서 자신이 착하고 인성이 좋다고 말하는 사람
- "저 그런 사람 아닌 거 아시잖아요"라고 하면서 자기 말만 믿으라고 세뇌하는 사람
- '돈에 욕심이 없다'며 순진한 척하지만 속으로 계산하는 사람
- 착한 사람들만 골라 이용하고 정서적으로 학대하는 사람

이렇게 다양한 종류에서 한 가지라도 지닌 사람을 만날 수도 있고 이 모든 것을 다 가지고 있는 사람을 만날 수도 있다.

피하고 싶은 사람에게서 듣고 싶지 않은 말들이 귀에 들린다는 것은 무슨 뜻일까? 특히 그런 말 중 꽂히는 단어가 있다. 그것을 '선택적 단어'라고 표현하는데 그 단어가 자기에게 들리는 의미를 깊이 생각해볼 필요가 있다. 선택적 단어에 예민하다는 것은 그 부분을 놓치고 싶지 않거나 놓아버리지 못한다는 것이다. 그것은 자신의 열등한 부분일 수도 있고 질투나 시기심일 수도 있다.

"강의를 해서 엄청난 돈을 벌었대."
"커피숍을 시작했는데 완전 대박 났대."
"돈 많은 사람을 만나서 팔자가 폈대."
"사놓은 건물이 올라서 차익을 2억 원이나 보았대."
"실력도 없는데 빽이 좋아서 잘나간대."

이런 여러 말 가운데 어떤 것이 귀에 남아 있는가. 자신이 선택한 말을 놓고 자신을 탐색하면 자기성찰에 도움이 된다. 어떤 부분이 자기 욕망으로 남아 있는지 또는 부러워서 질투가 나는지 살펴보면 자신에게 채워지지 않은 욕구를 간접적으로 볼 수 있다. 여기서는 '선택적 단어'를 탐색하자는 의미보다는 그 사람과 자기 삶의 길이 다르니 자신을 괴롭히는 말이라면 '아무 소리도 듣지 말라'는 경고의 메시지를 주려는 것이다.

피하고 싶은 사람은 그만큼 깊은 상처를 받았다는 얘기고 가시 같은 존재라는 말이다. 그 사람의 존재가 자기에게 더는 의미가 없다는 것이다. 그 사람의 욕망과 야망을 알기 전에는 서로 만나는 것이 나름대로 의미가 있고 좋은 추억도 많았을 것이다. 그것이 자신에게 특별한 의미로 다가왔을 것이다. 그러나 그가 철저히 이기적인 사람이라는 것을 알았을 때는 믿고 싶지 않고, 기억하고 싶지 않은 것들이 암흑처럼 몰려온다. 그 한 사람 때문에 내 인생이 바닥을 쳤다면, 그가 다른 이에게는 좋은 사람일 수도 있지만 자신과는 악연임을 지각해야 한다.

이제는 그 사람에 대한 모든 것을 버리고 자신에게 집중해야 한다. 더는 환청처럼 들리는 그 사람 말에 휘말리지 말아야 한다. 그러나 그 사람에게는 '악마'와 같은 강력한 힘이 있기 때문에 결과물이 눈에 보이고 귀에 들릴 것이다. 자신에게 집중하지 않으면 순간 흔들리고 힘들어질 수밖에 없다. '악마'라고 표현하는 것은 그만큼 교활하고 음흉해서 '좋은 사람'으로 변신이 가능하기 때문이다.

여기서 그 사람은 내가 될 수도 있고, 내가 아주 가까이 만나는 사람이 될 수도 있다는 사실을 잊지 말아야 한다. 즉 '너'는 '또 다른 나'임을 잊지 말아야 한다. 누구나 어떤 상황에 놓여 있느냐에 따라 자신의 숨겨놓은 발톱을 드러낼 수 있음을 기억해야 한다. 서로 상처를 주거나 받는 관계는 자신이 힘들면 되도록 피하는 것이 좋다. 덜 손해 보기 위해, 더 이익을 얻기 위해 인연이 아닌 것을 끝까지 붙잡으면 오히려 화를 불러일으킨다.

자기 마음이 어떤 상태인지 항상 점검하는 것이 좋은 관계를 유지하는 길이다. 자신 또한 다른 사람에게 피하고 싶은 존재가 되지 말아야 한다. 그러려면 서로 성장해야 한다.

좋은 관계의 가장 큰 적은
질투와 시기심이다

어떤 사람이 좋은 사람이라 하더라도 나와의 관계에서 아픔이 많다면,
그는 나에게는 그리 좋은 사람이 아니라는 사실을 잊지 말아야 한다.

인간의 탈을 쓴 악마

"그 친구를 만나고 나서부터는 다른 사람을 만나본 적이 없어요.
그 친구는 제가 다른 사람을 만나는 것을 싫어했어요. 다른 친구
를 만났다고 하면 '난 그 친구 별로인데 안 만났으면 좋겠다.' 매번
이랬기 때문에 다른 사람을 만나면 죄를 짓는 것 같아 지금은 아
무도 만나지 않아요. 근데 중요한 사실은 그 친구와 헤어졌다는
거예요. 너무 사랑했지만 그 친구의 이기심에 숨이 턱턱 막혔거든
요. 헤어지는 데도 5년이 걸렸어요. 그만큼 힘든 시간이었어요. 그
친구를 잊고 이렇게 이야기할 수 있는 것도 그 친구가 제게 연락

을 하지 않고 나서부터였으니까 정확히는 7년 걸렸네요. 7년이란 시간이 정말 악몽 같았어요.

그 친구와 분리해 생각해보면 그 친구의 질투와 시기심은 하늘을 찔렀어요. '사랑'이란 이름으로 함께 지냈던 3년보다 헤어지고 이렇게 편하게 숨 쉴 수 있는 7년까지 포함해서 10년 세월이 너무나 끔찍했어요. 지금은 분리되었다는 것만으로도 감사해요. 그 친구와 함께일 때 그 친구에게 올인했기 때문에 지금은 심리적으로는 물론 경제적으로도 모두 바닥이어도 이렇게 편하게 지낼 수 있는 게 꿈만 같아요. 그 친구를 만나면서 이렇게 이기적인 사람도 있다는 것을 알게 되었고, '인간의 탈을 쓴 악마'가 있다는 것도 이제는 인정해요."

이런 상황을 충분히 이해할 수 있다. 상대방의 고통과 상처를 '충분히 이해할 수 있다'는 말에는 같은 경험을 했다는 의미도 포함되어 있다. 때로는 '고통과 상처'가 자기 때문에 생겨난 것인지, 상대방에게서 받은 것인지를 탐색해야 한다. 사실 자신으로 인한 고통이고 상처인 경우가 많다. 고통과 상처는 질투와 시기심에서 비롯한다. 한 인간의 질투와 시기심이 다른 인간을 파멸에 이르게 할 수 있다는 사실을 경험으로 알게 되었다. 정말이지 인간의 이기심은 선함을 뛰어넘는다.

우리가 함께 사는 동안 이기심이 많은 사람을 이기는 방법은 딱 한 가지다. 바로 '36계 줄행랑'이다. '36계 주위상(走爲上)'은 손자병법의 36가지 계책 중 마지막 방법으로, 싸움에서 도저히 승산이 없을 때는 아무 생각도 하지 말고 도망가는 것이 상책이라는 뜻이다. 사기꾼이 마음먹고 덤비면 피해갈 수 있는 사람은 없다. 시기심은 위 사례에서 보았듯이 참으로 은밀하다. 그 사람 주변에 있는 사람들을 하나씩 제거하면서 자신이 가지고 싶은 것을 취한다.

어떤 사람은 '그 사람이 선택한 것인데 상대방의 시기심으로 표현하면 되겠느냐'고 반문할 수 있다. 그 말도 맞다. 그 사람이 선택한 것이다. 항상 처한 상황을 무시하거나 방임하면 큰 화를 입게 된다. 그럼에도 우리에게는 도리라는 것이 있다.

인간은 한편으로는 강하면서도 한편으로는 약한 존재다. 그래서 악마와 같은 사람이든, 사기 기질이 많은 사람이든, 착한 사람이든 상관없이 적어도 1% 이상의 양심은 있다. 이는 사람이 도덕성을 어느 정도는 가지고 태어난다는 말이다. 그러나 자라면서 양육자에게 어떤 영양분을 받았는지에 따라 자신에게 주어지는 지분은 천차만별이다. 개인에 따라서는 그 양심이 99%인 경우도 있고 50%나 10% 등 다양하다. 양심을 99% 가진 사람과 1% 가진 사람이 만났다면 아무리 그 선택이 자기 몫이라고 하지만 99%

의 질투와 시기심에서 벗어날 사람이 얼마나 있을까? 이는 '사랑'이라는 이름으로 존재하는 사람에게도 해당된다.

시기심은 은밀하고도 비도덕적이다

시기심은 얼핏 속 좁은 사람들이 느끼는 옹졸한 감정처럼 보일 수 있다. 하지만 시기심은 인간에게 가장 기본적이고 원초적인 감정이다. 원초적이기 때문에 개인마다 정도가 다를 뿐 모든 사람이 공통적으로 경험하는 감정이다. 시기심과 유사한 것으로 질투와 탐욕이 있다. 이들은 서로 밀접하게 연관되어 있다.

시기심은 자신이 열망하는 좋은 것을 다른 대상이 소유하고 있을 때 분노하고 고통스러워하며 그것을 파괴하려는 충동이다. 질투는 시기심을 바탕에 두지만 적어도 삼자 이상의 관계에서 일어나는 감정이다. 경쟁자에게 자기 것을 빼앗기거나 그럴 위험을 느끼는 상황에서 상대에게 증오를 느끼는 것과 관련된다. 즉 시기심은 '다른 사람이 소유한 것'을 볼 때 고통을 느끼고, 질투는 '자신이 소유한 것을 잃는 것'에 두려움을 느낀다. 시기심이 은밀하다고 하는 것은 비도덕적이기 때문이다.

사람과 사람의 관계에서는 시기심을 완전히 배제할 수 없다.

단지 그것이 관계 안에서 드러나느냐 드러나지 않느냐는 차이가 있을 뿐이다. 우리는 어떤 어렵고 힘든 상황에서도 자신을 아프게 하지 말아야 한다. 어떤 사람이 좋은 사람이라 하더라도 나와의 관계에서 아픔이 많다면 그는 나에게는 그리 좋은 사람이 아니라는 사실을 잊지 말아야 한다.

자기 삶을 다른 사람이 대신 살아주지는 않는다. 또 자기가 경험한 것을 다른 사람이 똑같이 경험할 수는 없다. 모든 것에서 항상 기준은 자기 자신이다. 단 그 기준이 이기적이면 안 된다. 여기서 우리가 기억해야 하는 것은 자신만큼 소중한 사람은 없다는 사실이다.

인간에게 필요 이상의 기대감은 갖지 말아야 한다. 기대감은 좌절과 헛된 욕망을 갖게 한다. 기대감이 생기면 의존하고 싶어지지만 동시에 불안이 올라온다. 그 불안은 통제하고 싶은 욕망으로 시작된다. 여기서 말하는 통제는 의존과 같다. 즉 의존하면서 통제하고 싶어하는 욕망이다. 이렇듯 의존과 통제는 동전의 양면과 같다. 우리는 기본적으로 혼자 서는 연습을 해야 한다. 또 혼자라도 괜찮다는 것은 물론 혼자 있어도 혼자가 아님을 알아야 한다.

아이가 처음 걷기 시작할 때는 일어섰다 넘어지기를 반복한다. 처음에는 엄마가 잡아주기도 하지만 아이가 어느 정도 일어서면 멀리서 손뼉을 치면서 "여기까지 와봐"라고 응원하고 지지한다. 그러면 아이는 그 다음부터는 혼자서도 잘 걷는다. 그러나 아이는 혼자가 아니며 늘 보이지 않는 곳에서 누군가 사랑과 지지를 보낸다는 것을 무의식중에 느끼며 살아간다. 그 사랑과 지지를 보내는 대상이 부모여도 좋고, 종교여도 좋고, 자기 자신이어도 좋다.

어떤 사람과 관계에서 자기가 자신을 학대한다면 그것은 절대로 건강한 관계가 아니다. 자신을 학대할 만큼 그 사람이 중요한 사람인지를 수없이 생각해볼 필요가 있다. 그 이유는 더는 고통받지 않아야 하며 나 자신이 소중한 사람이기 때문이다.

순수하지 않은 것, 자명하지 않은 것은 보호받지 못한다. 자연의 법칙은 자명하지 않은 것의 손을 들어주지 않는다.

아기는 왜 자꾸 울까

아기를 키울 때 아기가 왜 우는지, 그 울음이 무엇을 의미하는지 알기 전까지는 끊임없이 생각을 한다. 계속 울게 내버려둘지, 달래줄지, 젖을 줄지, 아무도 없는 척해야 할지 등 매 순간 판단해야 한다. 사실 아기 울음에는 모두 이유가 있다. 단지 울음을 듣는 사람이 스스로의 판단으로 이유 있는 울음을 때로는 이유 없는 울음으로 변형시키기도 할 뿐이다.

아기는 주로 고통스러움, 화남, 슬픔을 느낄 때 운다. 또 고통이나 통증 등 아픔의 신호, 분노의 표현, 슬픔의 표현으로 울기도 한다. 대체로 어느 정도의 울음은 때때로 아기에게 만족감을 준다. 어설픈 울음은 자신에게도 듣는 사람에게도 만족스럽지 않다. 즉 조금 울다가 스스로 '아, 전에도 울었는데 아무도 나를 돌보지 않았어'라고 판단해 울음을 멈춘다. 울음을 듣는 대상(엄마)은 '울다 지쳐서 자겠지' '자기를 봐달라고 우는가 보네' 하다가 아기가 울음을 멈추면 달래주려고 하지 않을 뿐만 아니라 돌보지 않기도 한다. 특히 새벽시간에 그런 일이 많다. 그래서 어설픈 울음은 만족을 주지 못한다.

아기가 울 때 안아주어서는 안 된다고 말하는 사람이 있다. 아이 버릇이 나빠진다는 이유다. 반면 결코 아기가 울게 내버려두어서는 안 된다고 말하는 사람도 있다. 어느 쪽을 선택할지는 개인의 가치관에 따라 달라질 것이다. 무엇이 '옳다, 그르다'고 말하기는 어렵다. 아기의 울음은 때로 절망으로 빠져드는 것 같거나 유리가 깨지는 것처럼 시끄러울 때도 있다. 그들의 울음은 그들이 선택한 것이다.

울음을 통해 스스로 만족하거나 좌절을 견뎌내는 것도 아기들 몫이다. 아기들은 좌절을 견디기 위해 주먹과 손가락을 입에 집어넣기도 한다.

정신분석가 도널드 위니캇은 "아기 손을 입에서 떼어놓을 수는 있지만 울음을 삼키게 할 수는 없다"라고 했다. 이 말은 결국 아기 울음을 완전히 멈추게 할 수 없다는 것이다. 아기의 욕구에 대해 대상(엄마)은 그 욕구가 무엇인지 집중해보았을까를 잠시 생각하게 된다. 그 욕구가 과연 고통(아픔)인지, 슬픔인지, 배고픔인지, 사랑과 관심인지, 분노인지 말이다. 또 대상(엄마)인 자신은 아기였을 때 욕구를 얼마나 충족하면서 성장했을까?

울음을 멈추기 위해 달래도 보고, 소리를 질러도 보고, 내버려두기도 하는 등 다양한 방법을 사용했을 것이다. 하지만 그런 방법이 때로는 아기에게 도움이 될지 모르지만 어쩌면 해로운 영향을 줄지도 모른다는 사실은 생각조차 하지 않았을 것이다. 아기의 울음은 대상에게 상처를 줄 수도 있지만 원하는 것을 갖게 해줄 수도 있다는 걸 아기가 알게 해주기도 한다.

아기는 얼굴이 창백해지도록 심하게 울어대거나 심지어 물거나 할퀴기도 한다. 이런 울음은 자신을 방어하는 행위일 수도 있다. 아기는 욕구가 바로 충족되지 않았을 때는 '세상을 믿지 못할 공간'으로 받아들인다. 우는 아기에게 젖을 물렸는데 젖이 나오지 않자, 아기는 엄마 젖꼭지를 세게 깨물어버린다. 이때 아기는 세상을 배우기도 전에 '오해'라는 것을 알게 된다. 그 '오해'는 엄마가 아기를 죽게 만들려고 일부러 젖을 주지 않았다고 믿어버리게 한다. 아기는 엄마의 젖이 많이 나오는지, 적게 나오는지의 상황 등을 고려할 수도 없고, 고려할 필요도 없다.

그래서 엄마는 아기 옆에서 계속 눈 맞춤을 해주고, 옹알이를 하는 아이에게 '응, 그랬구나'로 반응해주는 것이다. 간접적인 공감을 마치 자기감정인 것처럼 지각하면서 정화작용이 되는 믿을 수 없는 일이 일어나는 것이다.

엄마가 아기 울음을 얼마나 이해하고 헤아리는지는 사실상 그리 중요하지 않다. 그 울음이 슬픔, 불안, 두려움, 분노라 할지라도 엄마에게 그런 감정을 알려준다는 사실만으로도 아기는 안정감을 느낄 수 있다. 마치 어른들이 한바탕 울고 나면 불쾌한 기분이 해소되는 것과 같은 것이다.

그 마음을 어떻게 안아주어야 할까

전화상담을 하다보면 답답한 마음이 그지없을 때가 있다. 상담자들은 나이나 성별에 관계없이 이성문제, 취업문제는 물론이고 성욕에 대한 불만족, 재혼할지 말지, 부모와 인연을 끊을지 말지, 재산을 물려주지 않을 방법 등 수많은 문제에 대한 답을 달라고 한다. 그러면 반대로 질문을 한다. "답이 어디 있습니까? 그 답을 왜 제게 물으십니까? 말씀을 듣다보니 이미 답을 가지고 계시는데요"라고 하면 오히려 상대방이 비난을 하거나 호통을 치는 경우가 허다하다.

그럼에도 전화상담이 계속되어야 하는 이유는 백 명 중 한 명이라도 적재적소에 도움을 받아 삶에 희망을 가질 수 있기 때문이다. 그들은 이미 답을 가지고 있으면서도 상담자에게 질문을 던진다. 그들에게 상담자의 답은 중요하지 않다. 그저 자기 생각과 결정이 '맞다'는 것을 증명받고 싶을 뿐이다. 세상에 '맞다'는 게 있을까? 자기 처지에서 맞는다고 주장을 내세울 뿐, 서로 처지를 이해하고 배려하지 않는 일방적 결론은 맞고 틀린 문제가 아니다. 굳이 '맞는 것이 무엇이냐?'고 묻는다면 자신의 탐욕적인 마음을 정확히 살펴보는 것이라고 대답하겠다.

인간의 불안과 불신이 도움을 주려고 내민 손을 잡으면서도 의심의 눈초리를 거두지 못하고 수십 번 되묻고 재확인하게 만든다. 혼자서 하기는 버겁고 다른 사람을 믿기에는 시답지 않다. 그래서 조금이라도 이득이 있다면 함께 가는 것이 사람들의 양상이다. 불신이 높은 사람 또는 다른 사람에게 배신을 많이 당해본 사람은 급기야 휴대전화로 녹음까지 한다. 행여 한마디 말이 거슬리기를 기다리는 것 같다.

"아, 힘드시겠어요. 지금은 좀 괜찮으세요?"라고 말하면 "지금 괜찮은지 왜 묻나요? 지금 안 괜찮으면 어떻게 해주려고 그러나요?"라고 날카롭게 쏘아붙인다. 한마디라도 거슬리는 말이라고 생각하면 여지없다. 전혀 거슬리는 말이 아닌데도 다른 사람 입에서 나오는 모든 말이 짜증난다고 한다. 그러고는 녹음을 했다면서 고소하겠다는 말까지 덧붙인다. 무엇이 그들로 하여금 피해망상적인 모습을 보이게 하는 걸까? 그들은 어디가 아픈 걸까? 어떻게 그들의 마음을 안아줘야 할까? 쉰일곱에 재혼한 여자분이 이런 하소연을 했다.

"남편은 저보다 여섯 살이 많아요. 우리는 12년 전 재혼했어요. 남편은 인간적인 면이 하나도 없을 만큼 셈에 능하고 냉철해요. 사람을 믿지 않고 모든 것을 직접 자기 손으로 해야 직성이 풀리는 성격이에요. 단돈 천 원도 제게 그냥 주지 않았어요. 제가 돈이 많은 줄 알고 재혼했다가 돈이 없다는 사실을 알고 난 뒤로는 늘 무시하고 부부관계도 하지 않았어요. 그러면서 끊임없이 외도를 했어요.

남편은 공무원으로 정년퇴직해서 지금은 연금을 받고 있어요. 일흔다섯 살인 남편은 죽을 것을 대비해 재산상속을 생각하고 있어요. 자기가 죽으면 5억 정도 되는 재산이 배우자인 제게 상속되는 것을 너무 싫어해서 이혼을 준비하고 있어요. 그런 남편을 보며 하루하루 불안과 두려움 속에서 살고 있어요. 사실 이혼해도 좋은데, 마치 재산 보고 재혼한 사람처럼 저를 윽박지르고 쌍욕을 하고 파렴치한 취급을 하는 것이 너무 억울해요. 재산에는 욕심이 없다고 말해도 믿지 않아요.

알아보니 재혼한 다음 재산증식 기여도에 따라 위자료가 정해진다는데, 저는 가정주부로 12년을 함께 살았고 재혼한 뒤로 재산증식은 없었어요. 그래서 위자료가 많아야 2,000만 원이래요. 보통은 1,000만 원 정도라고 하고요. 너무 치사하고 진심을 몰라주는 것 같아 먼저 이혼하자고 할까 망설이고 있어요."

'부부'로 연을 맺어 살면서 무엇이 매 순간 의심하고 긴장되게 했을까? 독일의 시인 괴테는 "옷의 첫 단추를 잘못 잠그면 모두 잘못 잠그게 된다"라고 시작의 중요성을 강조했다. 우리나라에도 "시작이 반이다"라는 속담이 있을 만큼 시작은 중요하다. 그래서 어떤 것을 시작하기 전에는 사전조사도 하고 다른 사람들 의견도 들어보고 그것을 선택한 사람들의 조언도 들어보면서 최종 선택을 하는 것이다.

다른 사람의 의견을 묻지 않을뿐더러 자기 고집에 빠져 자기 생각만 옳다고 믿고 다른 사람을 신뢰하지 않는 사람도 있다. 그렇기 때문에 자기 고집대로 하는 사람더러 고집이 세다고 말할 필요도 없다. 그들의 선택을 존중할 뿐이다.

그러나 본인이 선택했음에도 진퇴양난이거나 사면초가일 경우 책임을 지려 하지 않거나 다른 사람에게 의존한다. 물론 시작이 잘못되었지만 끝이 좋을 수도 있다. 그러니 다양한 관점에서 자신에게 주어진 모든 문제를 고려해야 한다.

불안한 상황인 줄 알면서도 그 불안이 터질까봐 안절부절못하는 것은 자신이 자신을 들볶는 것이다. 순수하지 않은 것, 자명하지 않은 것은 보호받지 못한다. 자연의 법칙은 자명하지 않은 것의 손을 들어주지 않는다. 스스로 이치에 어긋난다고 판단되면 과감하게 결단해야 한다.

마음의 교통사고를 쉽게 말하지 말자

> 사람들은 "너만 그런 아픔을 겪는 게 아니야." "이 또한 금방 지나갈 거야. 훌훌 털고 일어나"라고 충고 아닌 충고를 하지만 어설픈 위로는 오히려 독이 된다.

어설픈 위로는 오히려 독이 된다

살다보면 자기가 원하지 않아도 좋은 일이든 그렇지 않은 일이든 많이 일어난다. 특히 교통사고나 자연재해 등이 그렇다. 사고가 나면 살짝 다치거나 심하게 다치거나 심지어 사망까지 이르게 된다. 그것은 자신이 선택한 일이 아니다. 이럴 때 어떤 것이 위로가 되고 어떤 위로가 힘이 될까?

감기나 수술 등 질병이나 질환으로 입원하는 경우 지인들이 병문안을 온다. 그러면서 공통적으로 "괜찮으세요?" "언제부터 아프셨어요?" "진전은 있으세요?" "빠른 쾌유를 빕니다"라는 위로의 말을 남기고 돌아간다. 죽음을 얼마 남겨놓지 않은 시한부인생인 사람들에게는 어떤 위로보다 자주 찾아보는 것이 큰 위로가 될 수 있다.

마음의 교통사고는 어떨까? 사랑하는 사람과 이별하거나 사별했을 때, 인간관계에서 갈등을 맞이했을 때 우리는 어떤가? 위로를 받기를 원하거나 누군가 한없이 자기 이야기를 들어주면서 공감해주기를 원한다. 그러나 위로나 공감은 그리 많은 횟수나 시간을 허용하지 않는다. "몇 번 들어주었으면 됐지 왜 이리 길게 아파하니?" 하며 안타까워하거나 "너만 그런 아픔을 겪는 게 아니야. 이 또한 금방 지나갈 거야. 훌훌 털고 일어나"라고 충고 아닌 충고를 한다. 이런 어설픈 위로는 오히려 독이 된다.

마음은 육체와 달라서 눈에 보이지 않는다. 육체는 눈으로 보여서 얼마만큼 아픈지 나름대로 확인할 수 있다. 물론 보이는 것보다 덜 아프거나 더 아픈 경우도 있다. 하지만 마음은 어떻게 확인할 수 있을까? 확인할 수 없기 때문에 상처 부위가 얼마나 큰지 전혀 가늠이 되지 않는다. 그래서 자신이 겪었던 경험에 비추어 상상을 하게 된다. 더더욱 상처를 경험한 적이 없는 사람은 공감하기가 어렵다.

마음의 교통사고가 심각한 사람은 죽음의 위기에 몰려 있다고 해도 지나친 말이 아니다. 어쩌면 긴 시간 중환자실에 있어야 하거나 여러 차례 수술을 받아야 할지도 모른다. 그래서 심리적으로 많이 힘들어하는 사람에게 "이제 그만 좀 해라." "너만 아프냐? 유난 떨지 마." "빨리 털고 일어나." "너 스스로 낸 상처잖아" 등으로 더 상처를 내서는 안 된다. 중환자실에 누워 있는 사람에게 "지금 여기서 나가서 다시 열심히 살아"라고 하거나 지금 막 장기제거 수술을 한 사람에게 "지금부터 너답게 잘 살아"라고 말하는 것과 같다.

마음의 교통사고는 육체의 교통사고보다 더 따뜻한 관심과 사랑으로 돌봐줘야 한다는 사실을 꼭 기억해야 한다. 이 세상에 상처 없는 사람은 없다. 상처가 없다고 믿는 사람은 실제 없겠지만, 때로는 아픈 기억을 긍정 마인드로 전환해야 한다. 무의식이 어떤지는 아무도 모른다. 너무 아픈 기억은 무의식과 죄책감 속으로 '밀어넣음(pushing)'으로써 아무렇지도 않은 것처럼 행동한다. 그러나 이것은 언제라도 다시 의식으로 올라온다. 단지 그 시기가 각자 다를 뿐이다. 분명한 것은 어떤 계기로 '끌어당기는(pulling towards enactment)' 사람의 도움을 받아서 상처를 치유해야 한다는 것이다.

"내가 또는 당신이 마음의 교통사고로 크게 다쳤어요. 어떤 위로를 받고 싶으신가요?" 사랑, 관심, 용서, 배려, 공감, 진심 어린 사과, 충분한 기다림 등 각자 위로받고 싶은 내용은 다를 것이다.

그 내용이 어떻든 상관없이 "너무 힘들 거야." "충분히 그럴 수 있어"라는 진심 어린 마음과 애정이 우울과 불안에 빠져 있는 사람을 살릴 수 있고 자살충동을 느끼는 사람을 '다시 살게' 할 수 있다.

암은 수술하는 것이 아니다

"올해 여든여덟 살인 친정아버지가 폐암 진단을 받아서 가족 모두가 모였어요. 병원에서는 6개월에서 일 년 정도 남았다고 했어요. 가족 의견보다 아버지 의견이 가장 중요한데 아버지 신념은 확고했어요. 치료를 원치 않으며 세상에 원이 없다고 하셨거든요. 가족은 아버지 의견을 따르기로 했어요. 아버지에게 무엇이 가장 하고 싶으냐고 물었더니 가족 손잡고 다니는 거라고 하더라고요. 그게 뭐 그리 어려운 일일까요? 그동안 놓치고 살았던 작고 소소한 것들에 대해 생각이 깊어졌습니다.

아버지는 9형제의 장남이고 어머니는 6형제의 맏딸이에요. 가난한 살림에 엄한 부모님을 모시고 살았던 파란만장한 삶을 어찌 다 이해할 수 있겠어요. 아버지 숨소리가 힘들게 들리고 기침과 객혈도 잦아졌으나 아무것도 할 수 없어서 무기력해집니다."

의학에 대해 잘은 모르지만 암은 치료하는 게 아니라는 생각은 오래전부터 해왔다. 항암치료를 받고 고통스러워하는 사람도 보았고 항암치료를 받다가 사망하는 사람도 보았다. 암 수술을 하나 안 하나 남아 있는 날은 비슷한데, 수술받은 사람들은 더 고통스럽게 생을 마감하는 사례도 많다.

우리 몸에는 필요한 균들이 있다. 항암치료는 필요한 균까지도 죽게 한다. 그러면 면역력이 더 떨어질 수밖에 없다. 항암제는 그만큼 독하다. 일종의 독약을 몸에 붓는 것과 마찬가지다. 몸에 필요한 단백질을 파괴하기 때문에 기운이 떨어질 수밖에 없다. 기운을 차리기 위해 고기를 먹어야 하는데 입맛까지 떨어진 상태에서 현재 체중을 유지하는 것조차 버거운 일이 된다. 체중이 줄어들면 항암제도 잘 듣지 않는다. 결국 암환자들은 치료를 견뎌내지 못해 죽음을 맞이하게 된다.

암 진단을 받는다면 남은 삶을 어떻게 준비해야 할까? 암에 걸려서 억울한 것이 아니라 억울하다고 생각하는 그 생각이 암을 더 악화시킨다. 또 생이 얼마 남지 않은 시한부라는 것이 자신을 더 옭아매는지도 모른다. 병을 앓는 사람들에게는 건강한 사람들이 갖지 못하는 겸손함이 있다. 이는 증상이 최악이거나 말기일 경우 모두에게 해당하는 마음가짐이다.

겸손은 자포자기가 아닌 진정한 내려놓음이다. 진정한 내려놓음은 '내가 할 수 있는 것은 하나도 없습니다. 신의 뜻대로 하소서'와 같은 마음이다. 현재 주어진 모든 것에 감사하는 마음이다. 그것이 죽음의 골짜기를 간다 하더라도 진정 감사하는 마음이다. 그 마음이 병을 완전히 치유해주는 것은 아니지만, 마음의 평화는 가져오게 해준다.

만약 나에게 남은 삶이 일 년뿐이라면 무엇을 하며 이 시간을 보내야 할까? 일 년이 아닌 일주일이 남았다면? 남은 시간을 어떻게 보내야 한다는 공식은 없지만 치우치지 않게 균형 있는 삶을 살고 싶다. 더 쉽게 말하면 감정에 사로잡혀 살지만 않으면 된다. 지금 이 순간이 소중할 뿐이다.

나는 성격이 예민하고 민감하다
기대어본 사람만이 어깨를 내줄 수 있다
아파도 괜찮다, 소나기가 지나가는 것뿐이다
사랑의 눈빛은 그 무엇보다도 강력한 치유제다
마음의 상처가 치유되지 않을 때 분노가 온다
교만함이 숨어 있는 당신은 좋은 사람인가

2장

원인 모를 고통은 있지만
원인 없는 고통은 없습니다

스스로 예민해지지 않는 방법은 무엇일까? '남의 일에 참견하지 마라.' 이것이 정답이다. 자신이 상황을 바라보는 관점에 따라 영향을 많이 받는다.

예민한 성격은 감정이 남다르다

나는 정말 성격이 예민한 사람일까? 기질에 따라 예민한 것과 환경적 요소에 따라 예민한 것은 서로 다른 차이를 가져온다. 기질에 따라 예민한 사람은 자신도 모르는 사이에 다른 사람 눈치를 살피거나 조급해하며 성급하게 결정하는 경향이 있다. 그러나 환경에 따른 예민함은 특정 부분에만 예민하게 반응한다. 중요한 사실은 기질적 요소나 환경적 요소를 막론하고 자신이 상황을 바라보는 관점에 따라 영향을 많이 받는다는 것이다.

예민함은 문제의 근본 원인을 찾게 되면 조절할 수 있다. 기질적 요인은 자신을 이해하는 데 더 초점을 두어야 하며, 환경적 요인은 자신과 관계를 맺는 대상과의 관계 패턴, 양식, 사고의 흐름을 파악해야 한다. 자신과 관계를 맺는 대상 가운데는 가장 가까운 부모와의 소통방식과 정서적 흐름을 알아야 한다. 예민함을 갖게 하는 또 다른 중요한 요소가 있다. 우리가 흔히 말하는 '그럴 수 있지'라는 타인 개방성을 가지고 태어나지 않았으면 자기가 경험한 대로 받아들이는 것에 대한 오류를 범하게 된다. 즉 타인을 자기 경험에 맞춰서만 이해하게 된다. 여기서 이해하지 못하고 수용하지 못하는 데서 오는 예민함이 마치 자기 성격인 것처럼 느껴질 수 있다.

그러한 성격으로 자신만을 '상처 입은 사람'으로 인식하게 된다. 상대방과 처지를 바꿔서 생각한다면 '그들에게 나는 어떤 사람일까?'라는 질문에 어떤 답을 할 수 있을까? 그냥 스쳐 지나갈 수 있는 일에도 '나는 버림받은 존재야' '나는 이 세상에 던져졌어' '난 혼자야' 등으로 자신을 고독한 상태로 빠지게 만들어버린다. 스스로 만들어놓은 늪에서 분노하고 울분을 토하고 결국 자신에게 병을 만들기까지 한다.

이럴 때 신경언어프로그래밍(NLP ; Neuro Linguistic Programming)으로 표현하면, '증상에 감사하라'는 말처럼 자기 병을 만든 근원지를 찾아가 보면 자신에게 고통을 주는 원인을 찾을 수 있다. 즉 자신이 불행해짐으로써 얻는 이익이 있다는 것이다. 관심의 대상, 사랑의 대상이 될 수 있다는 믿음이 있다. 버림받은 존재로 인식했던 자신이 질병에 걸리자 가족에게서 관심과 사랑을 받게 됨으로써 '아, 나는 버려지지 않겠구나'라는 자기식대로의 사고를 형성하게 된다. 그러한 잘못 형성된 정신구조에서 굳어지는 예민함도 있다.

나는 예민한 성격의 소유자인가? 이 물음에 대한 답에는 어떤 기준이 있는 것이 아니다. 사람마다 자신을 어떻게 지각하느냐에 따라 결과가 달라진다. 자신과 맞지 않는 사람을 만났을 때는 가볍게 넘어갈 문제도 예민하고 까칠하게 인식할 수 있다. 반대로 자신과 맞는 사람이거나 자신이 존경하는 사람한테는 어떠한 상황에서도 수용하려고 한다. 상황과 각 개인의 성향에 따라 다른 결과를 가져온다는 말이다.

우리의 무의식은 의식적인 행동보다 더 깊은 곳에서 자신도 알지 못하는 이유 때문에 자신을 혼란 속으로 빠뜨리기도 한다. 즉 자신을 제대로 인식하지 못하면 자기 꾀에 자기가 넘어갈 수 있다. '더 나은 나' 또는 '더 나은 삶'에 지나치게 감정적으로 사로잡히거나 내면의 성장을 방해하는 자기비판적 사고, 피해의식은 전혀 도움이 되지 않는다. 예민함은 다른 사람을 불편하게 하지만 자신을 과거에 얽매이게 함으로써 정신을 혼미하게 만들기도 한다. 더 심하게는 정신분열, 망상에 사로잡히게 할 수 있다.

예민함을 민감함으로 바꾸는 방법은 없을까? 어떤 상황에서 타인의 감정으로 인한 예민함인지, 자신이 만들어낸 예민함인지 먼저 파악해야 한다. 타인의 감정으로 인한 예민함이라면 타인에게 영향을 받은 이유를 탐색해야 한다. 자신이 만들어낸 예민함이라면 자신 안의 어떤 문제로, 어떤 상처 경험으로 예민하게 반응하는지 탐색하는 게 도움이 된다. 그러한 것들이 충분히 탐색되었을 때 어떤 상황에서 '이 문제는 이것 때문에 그렇구나'라고 바로 민감하게 알아차릴 수 있다.

남의 인생도 내 인생도 참견하지 마라

한 노파가 매일 울상을 하고 있었다. 지나가는 사람이 물었다. "매일 지켜보니 늘 울상이던데 집안에 무슨 일이라도 있나요?" 그러자 노파는 이렇게 말했다. "큰딸은 나막신 장수한테 시집을 갔고 둘째 딸은 짚신 장수한테 시집을 갔어요. 햇빛이 쨍쨍 찌는 날은 큰딸 걱정에, 비가 오는 날은 둘째 딸 걱정에 즐거울 날이 없어요." 나그네는 "그러시겠군요. 좋은 날이 앞으로도 없겠군요"라고 말하고는 가던 길을 갔다.

노파의 과한 사랑이 자기 삶에는 어떤 영향을 줄까? 과한 사랑을 받는 사람의 마음은 편안할까? 모든 일상이 딸들에게 쏠려 있다보면 그들에게 영향을 주는 것에 예민하게 된다. 날씨가 영향을 준다면 '오늘의 날씨'에 예민하게 반응할 테고, 먹는 것에 예민하다면 먹는 것에, 돈에 예민하다면 돈에 예민하게 반응할 것이다.

예민하다는 것은 그 부분에 대한 욕구충족과 관련이 있다. 그러나 노파 자신이 아닌 딸들을 통한 예민함은 무엇을 의미할까? 딸들을 자기 분신으로 여기는 것이다.

아이러니하게도 날씨는 맑음, 흐림, 구름 많음, 비 등으로 표시된다. 불행과 행복으로 비유하면 행복하면서 불행이 올까 두려워하고, 불행할 때는 행복이 오면 다시 불행이 찾아올 것을 두려워하는 것과 같다. 결과적으로 딸들 문제가 아닌 노파의 심리적 상태일 뿐이다. 그렇다면 노파 자신의 삶은 어디에 있는 것일까? 깊은 웅덩이에 빠진 사람이 웅덩이를 나오려고 하지 않을 때는 어느 누구도 도움이 되지 않을뿐더러 도움도 받으려 하지 않는다.

60대 홀시어머니를 모시고 사는 30대 후반 며느리가 있다. 그 며느리는 둘째 아이를 낳을 계획이었고 시어머니가 아이를 보육해주기를 바란다. 시어머니에게는 재산이 10억이나 있다. 그런데 시어머니는 재혼할 생각에 남자를 소개받아 잠시 만나다가 남자가 돈이 없으니까 헤어졌다. 그러고는 또 다른 남자를 소개받으려고 기다린다. 며느리가 재산이 그만큼 있으니 하고 싶은 거 실컷 하면서 사시는 게 좋겠다고 조언해도 시어머니는 돈 많은 남자를 찾는다.

시어머니는 며느리가 어떤 말을 해도 아랑곳하지 않는다. 그러자 며느리는 여기저기 자기 고민을 상담하러 다닌다. 만나는 사람마다 붙잡고 시어머니를 도와드리고 싶다고 얘기를 꺼낸다. 하지만 며느리 말을 듣다보면 시어머니를 걱정하는 것이 아니라 자신이 원하는 대로 되지 않는 것에 대한 불만을 털어놓을 뿐만 아니라 물질에 대한 욕심을 속에 감추고 자기 실속만 챙기려고 하는 게 느껴진다.

스스로 예민해지지 않는 방법은 무엇일까? '남의 일에 참견하지 마라.' 이것이 정답이다. 자기가 충실하게 모은 돈이 아니라면 그 대상이 부모이든 시부모이든 상관없이 다른 사람의 경제적 부를 탐하면 안 된다. 다른 사람을 탓하기 전에 자기 진실을 보면 마음의 평화를 찾게 된다.

기대어본 사람만이
어깨를 내줄 수 있다

인간관계에서 끊임없이 해결되지 않는 아픔과 괴로움이 있을 경우 자신에게서 그 원인을 찾으면 된다. 문제가 아닌 것을 문제로 인식하지는 않는지도 살펴야 한다.

내향적인 사람과 외향적인 사람

"첫 결혼에 실패해서 돌싱(돌아온 싱글)으로 살다가 3년 전 아들이 있는 사람을 만났어요. 그 사람도 돌싱이고 저와 같은 이혼의 아픔이 있다보니 서로 아픔을 보듬어주었어요. 저는 그 사람을 사랑했어요. 그런데 만나면 만날수록 두려움이 몰려왔어요. 계속 만나면 계속 아파해야 할 것 같고 성장하지 못할 것 같은 느낌이 들었어요. 이것이 제 문제인지 상대방이 보이지 않게 저에게 '너는 나 없으면 안 돼'라는 생각을 심어주었기 때문인지 혼란스러워요. 하루에도 여러 번 감정이 널을 뛰어요.

최근에는 우울증 약을 처방받았어요. 매일 죽음의 문턱을 왔다 갔다 해요. 저 자신이 이렇게 미쳐가고 힘든데 그 사람은 저에게 '너는 사랑받을 줄 몰라서 그래' '네 문제야'라고 말해요. 만나면 즐겁고 행복하기보다 불안하고 두렵고 괴롭기만 해요. 그 사람과 헤어지는 것이 맞다고 결론을 내렸는데도 그 사람은 오히려 '네가 약해서 그래' '너만 마음 단단히 먹으면 돼' '나는 상처를 다 극복했는데 너는 왜 아직도 그러냐'라고만 해요.

그 말을 들을 때마다 '나는 가치 없는 존재구나' '내가 정신병자인가' 하는 생각이 드는 동시에 '총이 있으면 쏴죽이고 싶다'는 마음도 들어서 너무 괴로워요. 헤어지자고 했다가도 저 스스로 외로움과 공허감을 못 견디다보니 다시 연락하게 돼요. 제가 못하니까 그 사람이 제발 제 곁에서 떠나주면 좋겠어요. 그는 나보다 훨씬 강하고 단단한 사람이거든요."

같은 지역, 같은 나라에 살아도 그 사람만이 겪는 정서적·문화적 차이에서 오는 괴리감은 사랑하는 사이라도 무시하지 못할 만큼 중요하게 작용한다. 사람은 약한 사람(정적인 사람, 내향적)과 강한 사람(지적이고 의지(意志)적인 사람, 외향적) 두 부류로 나눌 수 있다. 이들은 양심과 인성의 정도에 따라 어떤 차이가 있는지 알아보자.

양심과 인성을 잘 갖춘 약한 사람이 양심도 인성도 낮은 강한 사람을 만났다면 분명 누구든 마음에 상처를 입게 된다. 그 상처는 그 사람을 만나지 않으면서 희미해진다. 그러나 흔적이 없어지는 것은 아니다. 단지 옅어질 뿐이다. '상처 입은 치유자'가 된다면 충분히 어깨를 다른 아픈 사람에게 내줄 수 있다.

강한 사람(외향적)은 '정서의 중요함'이 덜하다. 즉 정서적인 이야기를 하면 공감도 하지 못할뿐더러 오히려 핀잔을 준다. "너는 생각이 많아서 탈이야." "너만 괴로운 거지 다른 사람은 그런 감정 따위에는 신경도 안 써" 등 오히려 제2의 가해자 역할을 한다. 그리고 강한 사람들은 성취 위주로 움직인다는 특징이 있다. 자기중심적으로 생각하는 편이며 자신의 성장을 위해 활동하고 다른 사람 앞에서 자신이 돋보이는 데 초점을 둔다. 지적인 것을 추구하며 더 심한 경우에는 자기 이익만 쫓아가기도 한다. 그들은 정말 지능적이며 교묘할 정도로 사람을 이용하는 데 능숙하다.

부정적으로 들릴지 모르겠지만, 수많은 경험자의 이야기를 들어보면 이런 사실을 부정할 수 없다. '나를 이용하고 있다'는 것을 느낄 수 없도록 교묘한 언어로 마치 자신이 약한 사람인 듯 이야기함으로써 자신이 원하는 것을 취한다. 그들은 절대 자기 것을 쉽게 내주지 않는다. 내줘야 하는 시점에도 요리조리 잘 피해가는 특징을 지녔다.

그런 사람들은 필요에 따라 사람관계를 형성한다. 자기관리도 철저한 편이며 쉽게 분노하는 일도 드물다. 그 결과 권력, 경제적인 부, 인맥 등 많은 것을 쟁취한다. 이들이 강한 사람이 되어갈 수밖에 없는 이유는 무엇일까? 욕구가 다른 사람보다 많기 때문이다. 이들은 세상을 바라보는 눈이 더 현실적이며 자기 입장에서 논리정연하게 대응한다.

약한 사람(내향적) 가운데는 착한 사람이 많다. 흔히 말하는 착한 콤플렉스를 가진 사람이라고도 할 수 있다. 이들은 정적이라서 정서적인 부분을 중요하게 여긴다. 이런 사람들은 좋은 사람을 만나면 같이 성장할 수 있지만, 악용하는 사람을 만나면 병리적인 행태를 나타내기도 한다. 착한 아이로 자랄 수밖에 없는 것은 성장 환경에서 다른 사람에게 인정을 받으려는 욕구가 채워지지 않았기 때문일 수 있다.

그럴 수밖에 없는 자신을 인정하다보면 충분히 조절이 가능해서 그런 사람으로 살아가도 별 무리는 없다. 약한 사람은 타인을 많이 배려한다. 그 사람이 행여 자신 때문에 불편한 일은 없는지를 살펴준다. 그것이 적절할 때는 편하지만, 과할 때는 상대방에게 불편함을 주기도 한다. 그래서 모든 면에서 균형, 즉 적절성은 반드시 필요하다.

강한 사람(외향적)과 약한(내향적) 사람의 차이는 분명히 존재한다. 하지만 그들이 나쁜 심성이 더 많거나 더 적어서라고 말해서는 안 된다. 단지 다름에서 오는 심리적 진동의 차이가 크게 느껴질 뿐이다.

나뭇잎은 바람에 주체할 수 없이 흔들린다

강한 사람과 약한 사람이 동업할 경우 약한 사람은 강한 사람의 '밥'이 된다. 약한 사람은 자기주장을 내세우지 못하기 때문이다. 이런 사람은 99%라고 할 정도로 강한 사람에게 진다. 만약 강한 사람이 인성을 갖추고 양심적이라면 환상의 동업자가 된다.

강한 사람에게 사로잡혀 버티기 힘들 때나 벗어나고 싶을 때는 그를 보지 말아야 한다. 얼굴만 스쳐도 미칠 듯이 괴롭기 때문이다. 그럴 때는 자기 기준에서 그 사람에 대해 좋은 점을 기억하기보다는 '그 사람은 악마야' '그 사람은 나를 정신병자로 만들지' '그는 내게 죄책감을 심어주는 사람이야'라고 생각해야 한다. 그리고 자신을 세뇌하는 데서 당장 벗어나려면 얼굴을 마주하지 않는 것이 큰 도움이 된다.

강자에게 많이 당한 약자일수록 사람을 대할 때 심하게 위축된다. 그러다보면 더 소심해지고 회복 기간이 더 길어질 수 있다.

상처를 주는 사람은 그 상처가 회복되도록 절대 도와주지 않는다. 물론 그 사람의 양심이나 됨됨이 정도에 따라 차이는 있다. 그렇다면 강한 사람은 자존심이 강한 것인가? 아니면 약한 자기 모습을 인정하고 싶지 않은 것인가? 스스로 답할 수 있을 뿐이다.

나뭇잎은 바람에 주체할 수 없이 흔들린다. 다른 사람이 잡아준다고 한들 그 순간뿐이다. 즉 외부의 도움을 받는 것은 한순간이다. 그러나 바람이 멈추면 나뭇잎의 흔들림도 자연스럽게 멈추게 된다.

만약 외부적 자극 때문에 견딜 수 없다면 온실 안으로 들어가는 방법이 있다. 온실로 옮겨주는 일은 다른 사람의 도움을 받아야 한다. 도움을 청하거나 도와줄 사람이 없다면 스스로 버틸 힘을 키우는 방법밖에 없다. 그래서 주변에 좋은 사람이 있다는 것은 더할 나위 없는 축복이다. 인간관계에서 끊임없이 해결되지 않는 아픔과 괴로움이 있을 경우 자신에게서 그 원인을 찾으면 된다. 문제가 아닌 것을 문제로 인식하지는 않는지도 살펴야 한다.

정작 아픔을 이겨낸 사람은 자기 어깨를 똑같이 아파하는 사람에게 흔쾌히 내줄 수 있다. 이 또한 그들만이 가질 수 있는 용기다. 자신이 겪은 세상만이 전부라고 믿는 그들에게 그곳만 벗어나면 흘러넘치는 옹달샘이 있다는 사실을 알려주는 계기가 된다.

아파도 괜찮다,
소나기가 지나가는 것뿐이다   :)

있는 자체만으로 충분하고 사랑받기에 충분하다는 것을 스스로 인정하
고 수용할 수 있는지는 자신 안에 깊숙이 묻혀 있는 상처와 결핍에 물
어보면 답을 알 수 있다.

나는 사랑받기에 충분한 사람

"밤새 환청이 들려요. '넌 인생 낙오자야. 실패자야. 인간관계에서
도 완전한 패배자야. 넌 죽어야 돼.' 평소 이명이 있어서 파도소리
는 간간이 들렸지만, 이렇게 저를 향한 무차별한 말은 너무 가혹
합니다. 죽어야 할 것 같은 밤을 꼬박 뜬눈으로 지새우는 날이 손
가락으로 헤아릴 수 없을 정도로 많아요. 어설프게 아는 것이 병
이라고 망상, 우울증, 강박, 공황 등 아는 단어들을 별을 헤아리듯
세어봅니다. 무서움과 두려움에 누군가를 찾으려 하지만 '이 새벽
에 다른 사람한테 민폐야' 하는 생각이 먼저 저를 제압합니다."

스스로를 더 괴롭게 한 것은 오만가지 생각이었다. '왜 그들은 나를 그런 시선으로 볼까?' '왜 나에게 냉정하게 대할까?' '내가 무엇을 잘못했지?' 이런 생각들이 스스로가 만들어낸 허상이고 거짓임을 알면서도 과거에 사로잡힐 때는 내어맡기지 못하는 자신을 보게 된다. 거기에는 어떠한 이유도 없고 또 이유를 알 수도 없다. 그들의 개인적 상황이 있을 수도 있고, 부분만 보다보니 서로의 관점을 인정하지 못하게 되고 '마음 돌보기'가 되지 않아서 그럴 수도 있다.

헤아리지 못한다는 것은 각자가 '자기 돌보기'로 바쁘다는 것을 의미한다. 어쩌면 타인에게 인정받고 싶은 자기 욕망을 아직도 버리지 못해 허상을 만들고 있다고 보아도 지나친 말이 아니다. 다른 사람에게 내 잘못이 아니라고, 여기 있는 나 좀 봐달라고 말하고 싶지만 허공을 향해 손을 흔들어봐야 무슨 소용이 있을까? 자신을 믿고 스스로를 인정해주면 되는데, 그것이 말처럼 쉽지는 않기에 안쓰러운 마음이 몰아친다. 울고 있는 그림자가 안타깝고, 그렇게 열심히 살아왔는데도 괴로워하니 마음이 아플 뿐이다.

밤새 환청에 시달리고 불안과 분노가 고조되어 자신을 스스로 처단하기까지에는 자신도 놓쳐버린 감정이 있다. 타인이 다른 사람의 감정과 마음은 아랑곳하지 않고 자기 이득만 챙기는 경우가 있다. 이때 타인에게 무시당했다는 생각이 들면서부터는 분노와 억울함을 어찌하지 못하게 된다. 그런 감정과 관계에서 골이 깊어지면 '피곤한 사람' '신경질적인 사람'으로 자신이 원치 않는 비난과 평가를 받게 된다. 어떠한 경우라도 사람마다 처한 상황과 환경은 각기 다르기 때문에 비난과 평가, 판단은 금물이다. 타인과의 관계에서 친밀도 차이에 따라 감정 변화는 천차만별이다.

더 깊이 들어가 자신은 정말 어떤 사람인가? 피해자인 척하면서 가해자는 아닌가? 자신이 믿고 싶은 대로 허상을, 거짓을 믿은 것은 아닌가? 그리고 자신조차 잊어버리고 싶어하는, 실제 잊어버렸던 아픈 기억은 무엇인가 등을 탐색해봐야 한다. 또 자신이 너무 도덕적이고 양심적이어서 부모를 평가하려 드는 것은 아닌지를 탐색할 필요도 있다. 즉 '나는 우리 엄마처럼은 안 살 거야.' '나는 우리 아빠와 같은 사람을 만날까 두려워 연애도 안 해' 등과 같은 것이다.

머리는 이성적이다보니 윤리적 도리에 대한 양심의 가책을 생각할 수 있지만 무의식 속에 있는 자신은 본능에 더 충실할 수 있다. 이성과 본능에서 느껴지는 차이가 클수록 자신 안에서는 분열이 일어나게 된다. 천사와 악마가 서로 싸우고 있다고 표현하면 이해하기 쉬울 것 같다. 자신이 심리적으로 많이 아플 때, 스스로 자기 부모가 되어 자신을 처벌하지는 않는지 살펴야 한다.

이런 경우에는 자신을 용서하는 작업이 필요하다. 또 상실감을 극복하지 못하면 자책에서 벗어나는 데도 많은 시간과 노력이 필요하다. 있는 자체만으로 충분하고 사랑받기에 충분하다는 것을 스스로 인정하고 수용할 수 있는지는 자신 안에 깊숙이 묻혀 있는 상처와 결핍에 물어보면 답을 알 수 있다. 답을 하고 싶지 않다면 하지 않아도 된다. 그동안 자신이 참아야 했던, 자신이 자신답게 살지 못했던 것에 대한 애도가 필요할 뿐 과거 모습이 자신임을 배제하지 않았으면 한다.

현재는 외향적인데 과거에 내향적으로 행동했다고 해서 그것이 '나'가 아닌 것은 아니다. 반대도 마찬가지다. 외향과 내향이 중요한 게 아니다. 그 어떤 이의 아픔도, 그 어떤 이의 행동도 비난하거나 판단하면 우리는 그 사람을 두 번 죽이는 셈이 된다. 그래서 자신을 더는 아프게 하지 말기를, 자신이 없으면 어떤 것도 존재하지 않음을 항상 기억하기를 소망한다.

자신이 쓸모없는 존재라고 느껴질 때

"40대 후반이 되어가면서 우울증이 심해졌어요. 우울한 데는 이유가 있어요. 결혼하기 전에는 몸무게가 42kg이었어요. 아이를 가지려고 노력했는데도 번번이 실패했어요. 시험관 시술로 아이를 갖기 위해 세 번 시도했지만 너무나 힘들고 고통스러웠어요. 결국 남편과 이야기해서 아이는 포기하기로 했어요. 하지만 아이에 대한 갈망이 폭식으로 이어졌고, 지금은 폭식장애라는 이름으로 치료와 상담을 병행 중이에요.

폭식으로 몸무게가 계속 늘어나더니 지금은 110kg 가까이 되었어요. 남편이 저를 멀리하는 느낌을 받으면서 너무 힘들고 화가 미칠 듯이 치밀어요. 어떤 때는 남편한테 속은 느낌이 들어 남편의 모든 것을 파멸시키고 싶은 충동이 생겨요. 저 또한 저 자신이 너무 싫어요. 나머지 인생을 '혼자 살아야 할 팔자인가' 하는 생각까지 들어요.

제가 대학 다닐 때만 해도 미스코리아 몸매였어요. 저는 기회를 잃어버렸어요. 대학에 다닐 때는 매력적이었고 인기도 있었지요. 그런데 지금은 저를 한 번 쳐다보는 남자도 없어요. 남편조차 말이에요. 친정엄마가 자주 '내가 인물이 좋았을 때 네 아빠를 잡은 것은 정말 잘한 일이야. 너도 완벽한 몸매를 유지하면 네가 좋아하는 남자를 선택할 기회를 가지게 될 거야'라고 한 말을 떠올리면 너무 우울해지며 자살충동까지 일어요."

어떤 상황일 때 격노하는가? 격노란 몹시 분하고 노여운 감정이 북받쳐 오른 상태를 말한다. 우리는 대인관계에서 '좋은 대상'이라고 생각했던 믿음이 깨지고 배신당하거나 이용당해 쓸모 없는 존재라는 것을 지각했을 때 분노를 넘어서 격노를 하게 된다. 이때 '좋은 대상'은 순간적으로 '나쁜 대상'으로 바뀐다.

나는 전적으로 좋기만 했던 대상에게 모든 것을 헌신했는데 상대는 자기만의 기준으로 나를 무차별적으로 공격하고 파괴할 수 있다. 그렇기에 서로 가치기준을 잘 살펴봐야 한다. 서로 다른 가치기준으로 상대방을 바라보면 양쪽 모두 상처투성이가 되기 십상이다.

삶에서 겪는 스트레스와 심적인 어려움을 이겨내려면 자기 스스로 욕구를 받아주고 담아주고 인정해주는 대상이 되어야 한다. '뚱뚱하다고 쓸모없는 존재가 되는 것은 아니야. 운동해서 살을 빼면 전의 몸무게만큼은 아니지만 스스로 만족할 수 있을 거야' 또는 '지금도 나름대로 괜찮아. 아기를 갖지 못한 상실감을 충분히 이해해' 등 스스로에게 위로와 격려가 필요하다.

좌절이 연속되는 과정에서 충분히 위로받지 못했거나 자신을 스스로 위로하지 못했기에 폭식장애로 진전되었을 것이다. 또한 친정어머니의 말 한마디가 더 좌절하게 한 것은 자기편이라고 가장 믿었던 사람에게서 위로를 받기보다는 책망하는 듯한 말을 들었기 때문이다.

어른이 되어서도 사랑하는 대상의 겉모습이 자신이 추구하고자 하는 모습에 머물기를 바라면 정상적으로 성장하기 어렵다. 그렇게 되면 건강하게 성장할 기회를 잃게 된다. 가족 안에서 위로받고 사랑받으면 치유도 빨리 할 수 있지만 그럴 수 있는 환경이 아니라면 스스로 '나는 지금도 충분히 사랑받을 수 있는 사람이야'라고 토닥여야 한다.

> 사랑의 눈빛은 그 무엇보다도
> 강력한 치유제다

다른 사람을 보이는 대로 평가하지 않듯이 다른 사람도 자신을 그렇게 평가하지 않는다는 것을 믿어야 한다. 또 다른 사람의 감정이 궁금하면 열 번이라도 물어보아야 한다.

천사의 눈빛을 잊지 못하는 간호사

"저는 〈매디슨 카운티의 다리〉라는 영화를 참 좋아해요. 짧은 순간이었지만 그들의 사랑이 얼마나 아름답게 느껴졌는지 지금 생각해도 참 따뜻해요. 애들이 팔순잔치를 해준다고 해서 싫다고 했어요. 저는 형식 같은 것을 싫어해요. 복지관에서 봉사를 하고 있고, 노래교실에서도 즐겁게 잘 지내고 있어요. 저에게도 자식들이 모르는 사랑 이야기가 있어요. 1년 동안 사랑했지만 사실 외사랑, 일방적인 사랑이었어요. 지금도 그때를 생각하면 수줍은 소녀처럼 얼굴이 발갛게 달아올라요. 그렇지만 요즘 말로 불륜 같은 것은 아니었어요.

그때 저는 간호사였어요. 정신병동과 중환자실에서 주로 근무했지요. 제 외사랑 상대는 2년을 중환자실에 누워 있다가 죽음을 맞이한 환자였어요. 처음에는 보호자가 있었는데, 시간이 흐를수록 보호자가 보이지 않았어요. 병원비며 경제적으로도 어려운 상황이었어요. 지금 생각해보면 이상했어요. 다른 환자들에게는 퇴원을 권유했는데 그 환자만 특별한 대우를 받았던 것 같아요. 그 이유는 지금도 모르겠어요. 그 사람은 산소호흡기에 의존했는데 그의 맑은 눈빛이 아직도 생생해요. 제가 그 사람을 사랑한다고 생각하며 치료한 것은 아니에요. 집에 가면 남편의 눈동자보다 그 환자의 눈빛에 사로잡힐 때가 많았어요. 남편에게도 그 사람에 대해 말했지만 제가 이렇게 그를 사랑한 줄은 몰랐을 거예요. 천사가 있다면 그 사람의 눈빛이지 않았을까 생각했어요. 그래서 〈매디슨 카운티의 다리〉를 스무 번은 봤을 거예요.

저는 자식들에게 아름답게 사랑하며 살라는 말을 많이 해요. 지금도 복지관을 다니는데, 젊은 사람들은 늙은이가 일에 욕심이 많다고 해요. 하지만 그들은 모를 거예요. 일에 욕심이 많은 것이 아니라 삶을 살아가는 과정일 뿐이라는 것을요. 그러나 저는 그들에게 아무 말도 하지 않아요. 요즘 젊은이들은 늙은이가 말하면 듣지도 않잖아요. 그냥 저는 그들에게 그 사랑했던 환자의 눈빛으로 말해요. '늙어봤냐? 너희도 머지않아 내 길을 간다'라고요. 저 또한 그 사람 눈빛으로 살아가려고 노력해요. 참으로 보고 싶고 그리운 사람이에요."

가슴이 촉촉해지고 기름진 토양과 같은 마음이 든다. 우리는 대개 '나는 이렇게 늙고 싶다'는 막연한 환상을 갖는데 누구나 이런 '노인'을 꿈꾸지 않았을까 싶을 정도로 이분은 이상적인 노년을 보내고 있다. 사람은 말하지 않아도 인품을 알 수 있다. "말하지 않아도 알아요. 눈빛이 말해주잖아요"라는 말을 한 적이 있다. 그러자 상대방이 참 좋아하며 이렇게 말했다. "정말 제 눈빛을 보고 제 마음을 맞힌 거예요?" 그만큼 눈빛은 말로 표현하는 것보다 더 강력하다. 또 눈을 한 번 흘끗 보는 것만으로도 사람을 긴장하게 하는 그 무언가가 있다.

눈 맞춤은 사람과 사람이 소통하는 매우 친밀한 관계의 방식이며 강력한 의사소통 수단이다. 눈을 보면 그 사람 마음이 보인다. 거짓말을 하거나 불편하거나 무언가를 감추거나 상대방을 위협하는 눈빛과 좋아하고 사랑하고 존경하고 배려하는 마음의 눈빛은 확연하게 차이가 있다. 아기는 태어나면서 엄마와 직접 눈 맞춤을 시작한다. 그 눈 맞춤을 통해 정서적 교감을 형성한다. 눈과 시각은 현실을 더 이해할 수 있도록 지각하게 해준다.

마음의 눈으로 보아야 잘 보인다

청소년에게 미래의 직업군, 이상형에 대한 질문도 하기 전에 그들은 스스로 말한다. "저는 외모도 좀 생겨야 하고, 돈도 있어야 하고, 집도 있어야 해요. 와이프 될 사람은 반드시 맞벌이해야 하고요. 그리고 능력과 상관없이 연봉을 억 단위로 받아야 해요." 이렇게 전혀 현실성 없이 말하는 사람이 있는가 하면, "저는 혼자 살기에도 버거워요"라고 말하는 사람도 있다. 자동차 종류, 옷이 메이커인지 아닌지, 핸드백이 명품인지 아닌지를 살피는 사람도 있다. 집안의 재산을 따져보는 사람도 있다. 프로필 사진을 찍을 때도 으레 얼굴을 수정한다.

우리는 사람의 무엇을 보고 싶은 것일까? 인품, 행동, 심성, 의지 등은 물리적으로 보여줄 수 없는 것들이다. 그렇다고 외부적인 것으로만 판단한다면 얼마나 어리석은 일인가? 취업준비생들은 자기소개서 쓰는 법부터 면접까지 코멘트를 받는다. 사실 처음에는 자기소개서에 무엇을 써야 할지 막막하다. 그런데 쓰다보면 스스로 첨삭까지 할 수 있다. 첨삭하는 이유는 자기를 모르는 사람에게 최대한 자기 강점을 보여주기 위해서다. 그만큼 보여주는 것은 중요하다.

그러나 정말 중요한 것은 그것이 전부가 아니라는 사실이다.

또 자기소개서는 요구하는 회사마다 다르게 작성해야 한다. 회사마다 요구 조건에 맞춰 자신을 호소(어필)할 수 있는 부분이 무엇인지 잘 파악해야 한다. 즉 자신이 지원할 회사에서 어떤 사람을 원하는지 파악하는 것이 먼저다. 보여주는 것이 전부는 아니지만 서류전형으로만 채용했을 때는 전체가 될 수도 있기 때문이다.

회사가 원하는 방향으로 자신을 어필하는 경우도 있지만, 자신을 채용하도록 회사에 '자신을 채용하지 않으면 안 되는 이유'를 강하게 호소하는 경우도 있다. 기회가 한 번밖에 주어지지 않을 경우 보이는 것이 전부일 수 있지만 대부분은 그렇지 않다. 따라서 보이는 것이 전부가 아님을 잊어서는 안 된다.

독일의 이력서에는 사진도, 성별도, 학력도, 결혼 여부도 체크하는 곳이 없다고 한다. 때로는 어느 정도 거짓말은 허용한다고 한다. '결혼했느냐'는 질문에 기혼인 사람이 '하지 않았다'고 해도 허용된다는 것이다. 이는 실력만 본다는 뜻이다. 요즘 국내 채용공고에도 이런 문구가 있다. "제출하신 서류 중 심사위원에게는 출신지역, 가족관계, 연령, 성별, 학력 등 인적사항은 정보를 제공하지 않습니다."

인맥이 없는 사람들은 '학연, 지연, 혈연 때문에 불안해하지 않아도 되겠구나'라고 안심함과 동시에 능력과 인품을 중시한다는 것을 간접적으로 알게 된다. 아이러니하게도 이 모든 서류와 상관없이 이미 정해진 사람이 있는 채용공고도 많다. '들러리 서류'가 필요한 채용공고도 있다는 말이다.

우리는 각자 삶의 방식으로 열심히 살아간다. 게으름은 악한 사람이 가지는 조건이라고 할 정도로 게으른 사람은 주변 사람들 특히 가족에게 해를 주기도 한다. '게으름은 쇠붙이의 녹과 같다'는 말이 있듯이 게으름은 마음의 에너지를 소모한다. 내면을 키우면서 성실하게 살아도 한순간 부정의 감정이 쓰나미처럼 몰려올 때가 있다.

이런 현상은 어떤 이유로 일어나는 것일까? 내면이 성장하려면 자신이 어떤 사람인지를 알아야 한다. 이것을 '자기 이해'라고 한다. '자기 이해' 속에서 무엇을 어떤 관점으로 보는가? 앞에 무언가가 있는데 지금 내가 보는 것이 물건인지 아니면 타인의 마음인지 또는 부정하는 자기 마음인지는 '자신'만이 알기 때문에 '자기 이해'는 그만큼 중요하다.

그런 감정들이 현실을 제대로 보지 못하게 한다. 이럴 때는 스스로 피해의식에서 벗어나려고 생각을 바꿔야 한다. 또 자신이 다른 사람을 보이는 대로 평가하지 않듯이 다른 사람도 자신을 그렇게 평가하지 않는다는 것을 믿어야 한다. 다른 사람의 감정이 궁금하면 열 번이라도 물어보아야 한다. 자기만의 생각에 빠지는 것은 금물이다.

절의 풍경소리는 대부분 사람들에게 평온함을 준다. 풍경에 달려 있는 것은 물고기다. 많고 많은 것 중 왜 물고기일까? 물고기는 잘 때도 눈을 뜨고 있다. 이 말은 '늘 깨어 있어라'라는 의미다. 자면서도 눈을 뜨고 있으라는 것은 말이 아닌 '마음의 눈으로 봐야 잘 보인다'라는 깨달음이다.

마음의 상처가 치유되지 않을 때 분노가 온다

> 변화할 가능성이 없는 것도 변화하지 않는 것도 아니다. 스스로 탄력이 붙을 때까지는 부단한 노력도 필요하고 모델링도 필요하다.

자기애는 공격성에 어떤 영향을 줄까

자기애가 높을수록 자아가치감도 높아진다. 자기애와 공격성은 어떤 연관이 있을까? 자기 자신에 대한 긍정적 평가가 자기 가치감을 높여준다. 반면 자기 자신에 대한 부정적 태도는 심리적 우울과 공격적 행동을 동반하는 것으로 나타난다. 자신에 대한 가치감이 낮은 사람은 우울과 같은 스트레스 증상을 겪을 뿐 아니라 공격성도 높게 나오는 사례가 많다.

공격성은 위험에 처했을 때 자신을 보호하는 기능을 하지만, 한편 다양한 감정에 의해 개인 또는 사회에 심한 손해나 상해를 유발하는 행동이나 충동을 의미한다. 정신분석가 지그문트 프로이트는 인간은 파괴하고 공격하는 죽음 본능(Tanatos)을 가지고 태어나므로 공격적 본능을 억제할 수 없다고 했다. 반면 다른 사회 심리학자들은 부모와 자녀관계 안에서 경험한 모든 것과 사회문화적 환경에 의해 공격성이 학습되는 것으로 보았다.

공격성이 통제되지 않을 경우 문제해결 능력이 떨어지고 대인관계에 극심한 어려움을 겪게 되며 범죄행위나 반사회적 행동을 일삼게 된다. 따라서 공격성은 파괴적이고 위협적이며 다른 사람에게 심리적·신체적·정신적 피해를 주는 행동으로도 정의를 내렸다.

'어떤 친구가 자기 약점을 건드리거나 놀리면 쉽게 화를 내거나 분노를 폭발시킨다. 자신에게 상처를 주거나 이유 없이 화를 내면 아무 일도 아닌데 상처 주는 말을 내뱉는다. 자신을 배신한 사람들이 나보다 더 즐겁고 행복해 보여 괜히 질투가 난다. 폭력을 자주 가했던 아버지가 다른 여자랑 잘 사는 게 싫다.'

이는 개개인이 지닌 사고의 틀, 자기개념, 성격특성, 기질과 환경 등에 의한 긍정적·부정적 자기평가 중 타인에 대한 부정적 평가가 '불쾌감'이라는 감정을 경험함으로써 공격적 반응이 나오는 것이다.

공격성은 다섯 가지로 나눠볼 수 있다. 첫째, 집단에서 한 사람을 일부러 따돌려 감정을 해치고 사회적 배척을 통해 또래관계에 손상을 가하는 '관계적 공격성'이다. 둘째, 신체적은 물론 위협적인 언어로 위협하는 '외현적 공격성'이다. 셋째, 공동체에서 놀이(모임, 게임, 도박 등)를 하면서 아무 생각 없이 상대방을 해칠 수 있는 위험성을 지닌 '우연적 공격성'이다.

넷째, 우연히 다른 사람을 다치게 하거나 활동을 방해함으로써 자신에게는 그러한 것들이 즐거움으로 오는 '도구적 공격성'이다. 이런 경우에는 분노와 적대감정, 좌절이 수반되지는 않는다. 다섯째, 상대방의 행동이 마치 자신을 공격한다고 생각되어 그것에 보복하려고 하는 '반응적 공격성'이다.

이러한 다섯 가지 공격성은 대체로 18개월 전후에 나타난다. 두 살 때 공격적인 행동이 시작되지만 다섯 살까지는 공격적 행동의 양이 증가하지 않는다. 특히 외현적 공격성과 관계적 공격성은 13~15세에 절정을 이루다가 이후 감소하며, 그 뒤로는 간접적인 방법으로 표출하게 된다. 또 생물학적으로 남성의 '테스토스테론'이라는 호르몬이 공격성을 유발하기 때문에 공격성의 주요 요인으로 보기도 한다.

공격성은 모방과 강화로 획득되는 경향이 많다. 아이들이 성장할 때 사회적 환경은 공격성 발달에 중요한 영향을 미친다. 특히 잦은 부부싸움, 물건을 던지는 것과 욕설, 신체적 폭력 등은 성장하는 아이에게 치명적인 영향을 준다. 아이들이 원하는 것을 얻기 위해 떼를 쓰거나 부모 행동을 모방해서 나타내기도 한다. 순간 부모는 놀라서 아이 요구를 들어주지만 이때 화를 낸다. '저 자식이 누굴 닮아서 저러나' 싶다가도 자기 행동에서 시작되었음을 알기에 한탄만 하는 경우도 더러 있다. 이렇게 공격성은 원하는 것을 얻게 해준다는 것을 어린 시절부터 답습하게 되며, 자기 공격성이 다른 사람들의 나쁜 행동을 멈추게 하고 자존감을 높여준다고 믿어버린다.

분노를 공격적인 행동으로 표출할 때는 공감하거나 공감할 수 있는 훈련을 해서 공격성을 줄일 수 있다. 또 소리 지르며 말하는 것을 부드럽게 말하게 함으로써 조금씩 공격적인 언어나 행동을 제거하는 방법도 있다. 아이인 경우 부모가 "그렇게 안 하면 장난감 사줄게"라는 방법보다는 칭찬스티커를 이용해 하는 것이 바람직한 방법이다. 그리고 또래와의 긍정적 관계를 키워주는 것이 무엇보다 중요하다. 건강한 또래관계는 자기애를 높여주고 공격성이 줄어들게 함으로써 또래 애착이 생기게 해준다.

긍정적인 자기애는 기분 좋은 정서와 함께 어떠한 것에도 방어적이지 않다. 부정적 자기애는 좋지 않은 자기평가에 대항하고 자신을 방어하게 해준다. 이런 자기방어로 자기과시와 자기중심적 태도를 보임으로써 자신 안의 긴장과 불안을 숨기는 경우도 있다. 자아심리학자 에릭 에릭슨은 자신을 더 긍정적으로 생각하고 자기에 대한 확신을 가짐으로써 긍정적 정서와 심리적 만족감을 경험하게 하는 것이 자기가치감을 높여준다고 했다.

부모는 자녀의 거울

"저는 초등학교 1학년 때부터 자살을 시도했어요. 지금 스물세 살이 되었는데 수시로 자살을 시도하고 있어요. 손목에는 여러 차례 자해 시도를 한 상처가 있고, 심지어 아파트 난간에서 자살 시도를 여러 차례 해서 경찰이 출동한 적도 있어요. 아버지는 알코올 중독자이고 엄마는 정신병원에 입원해 있어요. 저 또한 정신과 약을 먹고요. 제가 집에 혼자 있는 상황을 두려워하는 사람들은 주변 사람들이고 저는 자살행동에 대해 무감각해요. 잘 살고 싶었는데 성격 문제인가요?"

성격은 다이아몬드와 같다. 사람들은 모두 제각기 다른 다이아몬드를 가지고 있다. 그래서 존재 자체가 '아름답다'는 것이다. 광산에서 바로 캔 다이아몬드는 날카로워서 다른 사람에게 상처를 줄 수 있다. 그렇다고 해서 각 개인이 가지고 있는 원석이 바뀌는 것은 아니다. 잘 가공하면 멋진 귀고리가 될 수 있고 목걸이, 팔찌, 브로치 등 다양한 용도로 자신은 물론 타인까지 빛나게 해줄 수 있다. 이처럼 성격을 바꾸기는 어렵지만 다듬어갈 수는 있다. 변화될 가능성이 없는 것도 변화하지 않는 것도 아니다. 스스로 탄력이 붙을 때까지는 부단한 노력도 필요하고 모델링도 필요하다.

자신을 보호해주지 못하는 부모 아래서 나는 어떻게 바로 설 수 있을까? 충분히 보호해줄 수 있는 부모도 감당할 수 없는 자녀에게는 또 어떤 부분을 더 고려해줘야 할까? '부모는 자녀의 거울이다'라는 말은 자녀의 모델링이 '부모'라는 의미다.

부모와 자녀가 서로 원수 같다면 그 이유는 무엇일까? 내 안에 콤플렉스가 있기 때문에 다른 사람을 보면 콤플렉스가 보이는 것이다. 거울에 비친 자기 모습이 곧 자녀라서 때론 더 많이 괴로울 수 있다. 자녀와 갈등이 생기면 부모가 더 화를 내는 이유가 여기에 있다. 거울에 비친 자기 모습이기 때문이다.

거울은 자기 모습을 똑같이 비춰준다. 이기적인 마음 안에는 양보가 있고, 배려가 있고, 수용이 있어야 한다. 그런데 둘이 똑같기 때문에 똑같은 콤플렉스에 부딪히는 것이다. 이기적인 마음으로만 서로를 대하기 때문이다.

관계성 안에 있는 이기적인 마음은 육체도 커지고 정신도 커질 때 같이 커진다. 그래서 서로를 수용하지 않으려고 한다. 수용하지 않으면 갈등 폭이 더 커진다. 결국 서로의 성장을 막아버리는 것이다. 우리는 서로 성장하기를 원한다. 그러기 위해서는 서로의 이기심을 인정하고 수용하면서 배려하는 마음을 길러야 한다. 자신을 그 누구보다 소중하게 대해주는 것이 급선무다.

인성을 갖춘다는 것이 별건가? 양심을 지키며 타인에게 상처 주지 않고, 상처를 주었다면 진심 어린 사과를 할 수 있으면 되지 않을까?

교만함 안에 숨어 있는 사악함

좋은 사람이 되고 싶어하는 사람들은 많다. 나 또한 착한 사람보다 좋은 사람이고 싶다. 그 말에 대한 책임으로 '좋은 사람'임을 강조하며 살았던 날들이 창피하고 민망해지면서 '도대체 나는 어떤 사람인가?'에 대한 질문을 계속 던진다. 과연 '좋은 사람'은 어떤 사람일까?

'좋은 사람'의 정의는 경우에 따라 다를 수 있다. '어설프게 좋은 사람'은 자기를 속이는 경우가 많다. 여기서 '속인다'는 의미는 자신의 본마음을 표현하지 않는다고 해석하는 것이 좋다. '어설프게 좋은 사람'은 일부러 타인에게 피해를 주지는 않았지만, 피해를 주었다고 생각하면 '죄책감'이 든다면서 그 감정에서 헤어 나오질 않는다. 그래서 오히려 타인이 위로하고 맘을 더 써줘야 하는 상황으로 바뀌고 만다. 여기서 헤어 나오는 방법은 모든 것이 상황에 따라 달라지고 변할 수 있음을 받아들이는 것이다. 즉 '한결같은 것이 없다'는 것이다. 다만, '한결같은 마음'으로 살고 싶은 것이다. 초심을 잃지 않는 것과 같은 의미다. '받아들임'이 될 때부터 세상을 바라보는 시각에 변화가 온다.

그러나 진실로 좋은 사람의 마음 바탕에는 '사람'에 대한 각별한 마음이 있어야 한다. 다양한 사람을 만나더라도 그들을 대하는 마음이 한결같아야 한다. 자신이 좋은 사람이라는 것을 보여주기 위한 것이 아니어야 한다. 즉 자신을 돋보이기 위해서가 아니라 진심으로 사람을 좋아해야 한다.

'겸손'과 '교만'의 차이점이 무엇인지 고민하게 된 것도 '당신은 좋은 사람입니까?'라고 자문하면서부터였다. 진정한 겸손은 좋은 사람이 가지는 덕목이다. 다시 질문을 해본다. "당신은 겸손한 사람입니까?" "네"라는 대답에는 교만이 숨어 있다. 겸손한 사람, 좋은 사람이라고 할 수 있지만 잘못 생각하면 교만이 될 수도 있다. 교만 속에는 과잉 친절과 배려가 숨어 있다. 교만은 가장된 아름다움이라고 할 수 있다. 자존감이 낮은 사람들에게는 그런 모습이 마치 '좋은 사람이구나' 하는 오해를 하게 한다.

진정한 자기 사랑은 자신뿐만 아니라 타인이 볼 때도 감동받고 '그 사람처럼' 되고 싶은 희망을 꿈꾸게도 한다. 우리가 진정한 자기 사랑을 추구하는 것은 행복과 즐거움, 만족을 얻기 때문이다. 여기서 중요한 사실은 '나'라는 것이다. 내가 생각하는 행복, 즐거움, 만족이어야 한다는 뜻이다.

성 아우구스티누스(St. Augustine)는 청소년 시절 친구들과 함께 배를 훔치기도 했다. 그는 "가장된 아름다움인 교만에는 사악함이 속에 숨어 있다. 심지어 교만은 당신이 바로 모든 만물보다 높이 계시는 유일한 하나님인 것처럼 생각하게 하는 절정에 이르게 한다"라고 고백했다. 모든 질병의 원인은 교만이라고 할 정도로 교만함은 사악함의 원천이다. 교만을 치유할 수 있는 것은 '겸손'이다. 또 좋은 사람이 되려면 순수성이 있어야 한다. 이는 지금까지 사람들과 관계하면서 얻은 결론이다. '순수하지 않거나 양심이 없는 사람은 좋은 사람이 되기 어렵다'는 지론이 생겼다. 마음을 낮추는 일이 곧 겸손이 될 수 있다.

"당신도 나를 이용하는 겁니까?" 인도 콜카타의 마더 테레사 본부 벽에 붙어 있는 글이라고 한다. '그럼에도 불구하고'라는 글에서 "만일 그대가 친절하다면 사람들은 그대의 친절 뒤에 불순한 동기가 있을 거라고 그대를 비난할지도 모릅니다. 그럼에도 불구하고 친절하십시오"라는 문구가 가슴에 와닿았다.

"무슨 의도가 있지?"라고 질문하는 사람은 그 자신에게 사람과 관계를 맺을 때 의도가 있다고 추측할 수 있다. 자기 언어와 생각으로 상대방의 행동을 평가하기 때문이다. 또 상대방과 상관없이 지나치게 친절하다면 자기 행동에서 그 이유를 탐색해봐야 한다. 어쩌면 자기 안의 교만을 겸손으로 드러낸 것은 아니었을까? 그런 관점에서 자신을 성찰하다보면 아픔은 타인이 주는 것이 아니라 자신이 준다는 사실을 부정할 수 없게 된다. 존재욕구가 많아서 순수성이 없다는 사실도 더불어 탐색하게 될 것이다. 교만을 가장한 겸손은 우리가 살면서 버려야 할 요소다.

당신은 좋은 사람입니까? 당신은 겸손합니까? 당신은 순수합니까? 당신은 양심적입니까? 이런 질문에 당당하게 대답할 수 있다면 당신은 충분히 좋은 사람이다. 욕망을 내려놓고 더는 흔들림이 없는 당신 또한 충분히 좋은 사람이다.

가장 힘든 것은 자신을 깨는 일

'좋은 친구'는 다른 사람의 마음을 이용해 자기 이익만 챙기는 사람만 아니면 된다. 인간은 본래 이기적인 습성을 가지고 있다. 그러나 다른 사람을 아프게 하고 상처 주는 것을 견디지 못해 죽음을 선택하게 할 만큼 이기적인 마음은 절대사절이다. 그 또한 자기 문제라고 볼 수 있다. 분별하지 못하는 자신을 돌보는 일이 먼저다. '얼마나 만만하게 보였으면' '얼마나 바보멍청이 같았으면' '그 사람을 얼마나 좋아했으면….' 그럼에도 불구하고 마음을 이용당했다면 나만의 문제였을까? 상대방의 문제는 그들 것이니 나 자신만 바라봐야 한다. 사람에 대한 상처로 전혀 경험하지 못했던 위축, 공포, 두려움 등의 감정을 소화해내는 데는 시간이 많이 필요하다. 그러나 자각하는 순간 변화는 시작된다. 잘 안 되는 부분도 있을 수 있다. 그래서 우리 마음은 끊임없이 공사 중이다.

"왜 이렇게 극복을 못하니?" 안타까운 마음에 이렇게 말하겠지만 사실 이런 말들은 전혀 위로가 되지 않는다. 어설픈 말과 위로는 오히려 독이 된다. 어린아이들이 한 걸음, 한 걸음 걸음마를 하듯 조금씩 나아질 뿐이다. '그래, 서투를 수 있어. 천천히 가자.' 수없이 자신을 토닥이며 여기까지 왔을지도 모른다. 그런 과정을 경험한 사람들은 그 어떤 것도 성급하게 생각지 않으려고 노력한다. 불안이 올라오면 모든 행동을 멈춘다. 그리고 자신 안에서 불안을 유발한 원인을 찾는다.

사람관계를 비롯해 모든 것에는 시작이 있다. 그것은 나에게서든, 타인에게서든 상관없이 시작된다. 그 시작에는 삶의 방향과 사람마다의 삶의 여정이 깃들어 있다. 사는 데 급급해서 다른 사람의 아픔을 볼 수 없었던 날도 있었을 테고, 열심히 살다보니 자기 상처를 들여다볼 시간이 없었을지도 모른다. 열심히 사는 것이 과연 좋은 것이었을까? 지금은 생각과 관점이 많이 바뀌었다. '못나게는 살지 말자. 양심을 살피며 바르게 살자. 적어도 타인을 아프게 하지는 말자'에 더 초점을 두게 되었다. 전에도 그런 마음이 없었던 것은 아니다. 살다보니 간과했던 부분이었다.

인성을 갖춘다는 것이 별건가? 양심을 지키며 타인에게 상처 주지 않고, 상처를 주었다면 진심 어린 사과를 하면 되지 않을까? 진짜로 산다는 것이 무엇일까? 사람들은 동시대를, 같은 시간을 다양한 형태로 산다. 하지만 아무도 자기 삶을 무의미하게 살지는 않는다. 그것이 어떤 역할이든 상관없이 말이다. 그래서 서로 존중해야 하나보다. 또 타인을 걱정하고 사랑하는 마음은 매우 귀한 것이므로 그 자체로 존중받아야 한다.

우리는 하루하루 최선을 다하며 살아간다. 그런데 그것이 제대로 사는 것일까? 나는 왜 사는 것일까? 나는 무엇 때문에 살아갈까? 이런 질문을 닫으면 그것은 숨만 쉬며 사는 것이다. 매 순간 자신에게 질문해본다. '오늘 네 마음은 어땠니?' '어떻게 살아야 하지?' 이 순간에도 숙제로 남아 있다.

좌절은 잠시뿐, 다시 시작할 수 있다
열심히 살아온 당신, 존중받을 자격 있다
지나친 친절과 배려는 사양한다
삶이 억울하다고 느껴지는 것은 욕심 때문이다
삶은 때로는 특별하지 않을 수 있다
마음을 솔직히 표현하기가 왜 이리 힘들까

3장

지금 상실감 때문에 힘들다면
상담을 권합니다

좌절은 잠시뿐,
다시 시작할 수 있다

우리는 너무 힘들고 불행하면 그것을 행복한 마음으로 전환하는 데 많은 시간이 필요하다. 신나고 경쾌한 음악을 듣거나 노래를 부르는 것도 좋다.

가족에게서 깊은 상실감을 느끼다

"부유한 가정에서 자랐어요. 아버지가 회사를 몇 개 운영했지요. 저는 장남이지만 제 어머니는 암으로 일찍 돌아가셨어요. 새엄마에게서 배다른 형제가 두 명, 또 다른 배다른 형제가 한 명 있어요. 아버지는 제가 어릴 때부터 제게 회사운영권을 주기로 약속했고, 저는 그 길만 보고 아버지가 시키는 대로 했어요. 자격증을 취득했고, 아버지가 원하는 S대 대학원 박사과정까지 졸업했어요.

그런데 회사운영권을 넘겨받아야 할 때쯤 아버지가 배다른 형제에게 먼저 운영권을 넘겼어요. 아버지가 '너는 너무 착하고 융통성이 없어서 회사운영은 어렵겠다'는 청천벽력 같은 말씀을 하셨지요. 배다른 형제들은 성실한 제 성향이 미웠다고 해요. 저는 그들에게 어떤 미워하는 마음도 품지 않았어요. 아버지를 이해하려고 했고, 그래서 아버지 뜻을 거역하지 않으려고 애썼어요. 다른 형제들에게 마음을 베풀었고 그들도 웃으면서 저에게 친절하게 대해줬어요. 하지만 막상 회사운영권으로 회의를 할 때 그들 입에서는 저에 대한 비난과 험담이 쏟아져 나왔어요. 제가 그렇게까지 '쓰레기였나' 할 정도로 그들 혀는 가장 날카로운 칼날 같았어요. 아버지가 '나를 믿지 않았구나'라는 것을 알게 되었습니다. 더 살아갈 희망이 없어요. 좌절감을 어떻게 극복해야 할지, 극복하고 다시 잘 살 수 있을지 두렵고 가족, 사람이 이렇게 무서운 존재인지 생각만 해도 끔찍해요."

가슴이 철렁한다는 마음이 무엇일까? 살다보면 전혀 예기치 못한 일들이 다가올 때가 있다. 믿었던 부모, 가족과 사람들한테서 배신을 당하거나, 나는 꽃을 들고 그 사람을 반기는데 그 사람 가슴에는 날카로운 칼날이 있었던 일도 한두 번은 경험했을지 모른다. 그 좌절감과 상실감을 어떻게 극복해야 할까?

'하인리히 법칙'이라는 것이 있다. 큰 사고는 우연히 또는 어느 순간 갑작스럽게 일어나는 것이 아니라 그 이전에 반드시 경미한 사고들이 반복되는 과정에서 발생한다는 것이다. 큰 사고가 일어나기 전 일정 기간 여러 번 경고성 징후와 전조가 있다는 사실을 입증할 수 있다는 것이다. 다시 말하면 큰 재해는 항상 사소한 것들을 방치할 때 일어난다는 얘기다. 사소한 문제가 발생했을 때 이를 면밀히 살펴 원인을 파악하고 잘못된 점을 바로잡으면 큰 사고나 실패를 방지할 수 있지만, 징후가 있는데도 무시하고 방치하면 돌이킬 수 없는 대형사고로 번질 수 있음을 경고한 것이다.

자신도 모르게 놓쳤던 무심한 행동이 있지 않았는지 돌이켜본다. 사소한 일로 상대방의 감정을 상하게 했을지도 모른다. 더 세심하게 관찰하고 마음을 헤아리지 못하는 일이 반복될수록 이미 보이지 않는 금이 생겼다는 것을 의심해야 했다.

탐욕이 많은 사람은 상대방의 약점을 계속 이용한다. 이용당하는 사람은 마냥 솔직하기만 했던 것이 자신이 놓친 점이다. 너무 솔직해서 상대방을 분별하지 못했다는 것이 잘못이라면 잘못이다. 그렇게 자기 약점을 다 보여주었기 때문에 탐욕이 많은 그 사람에게는 자기 것이 아닌데도 그냥 챙기기만 하면 되었다. 믿음을 준 사람을 배신한 것이다. 그러나 그 과정 안에는 분명 놓쳤던 작은 문제들이 있었다. 놓쳐버린 대가(代價)일 수도 있다. 그 대가로 분별력을 키워가는 것이다.

우리는 사람을 잘 분별한다고 믿지만 그가 좋은 사람인지 탐욕이 많은 사람인지 구별하는 능력은 없다. 다만, 경험에 비추어 자기 잣대로 사람을 빨리 평가하는 것이다. 어릴 때부터 부모에게서 자주 들었던 말 중 하나가 "좋은 친구를 사귀어야 한다. 나쁜 친구는 너한테 도움이 되지 않는다"는 것이었다. 좋은 친구나 나쁜 친구를 어떤 기준으로 판가름할 수 있을까? 부모의 이런 조언은 분별력을 키워야 한다는 말이었다. 어쩌면 완전한 피해자도 없고 완전한 가해자도 없다. 더 깊이 탐색하지 말아야 할 문제도 있다는 것이다.

자기 아픔만 바라보지 않아야 한다. 내가 아프면 다른 사람도 아프다는 사실을 기억해야 한다. 단지 아픔의 정도 차이가 있을 뿐이다. 좀더 단단한 사람이 안아줄 수 있다면 어떤 좌절 속에서도 다시 일어설 힘을 얻게 된다. 그러나 기괴하게도 좀더 단단한 사람이 오히려 칼을 들이대는 경우가 있다. 자신만큼 평정심을 가진 사람이 없다면서 "너 스스로 평정심을 찾으라"고 한다. 참 잔혹한 일이다. 그 사람과 관련이 있는 아픔인데도 너무 냉혹하다. 그것은 사랑이 아닌 분노를 자극하는 아주 위험한 경우다. 헤어지더라도 되도록 긍정의 감정을 남기려고 노력해야 한다.

지금 계속 좌절하고 있다면 더 깊이 분석할 때가 아니다. 흙탕물은 흔들수록 맑아지는 것이 아니라 오히려 혼란으로 더 뿌옇게 된다. 그 물을 그대로 놓고, 맑은 물을 끊임없이 부어주었을 때

흙탕물은 스스로 흘러내려가게 되어 있다. 좌절이 반복될 때는 그냥 그 시간의 흐름을 기다려주는 것이 좋다. 자기 잘못이 아니니 견뎌야 하는 것이다. 운전을 하다보면 길을 잘못 들어설 때가 있다. 그럼 유턴하거나 왔던 길을 되돌아가면 된다. 단지 길을 잘못 들어선 것뿐이다. 그 이상도 이하도 아니니 절망하지 말아야 한다. 이는 살면서 한 번이 아니라 몇 번쯤은 맞이해야 하는 과정인지도 모른다.

아무리 발버둥쳐도 길이 보이지 않을 때

"7년 전 조현병(정신분열증) 진단을 받았어요. 제가 말할 때 발음이 어눌한가 봐요. 저는 괜찮은데 사람들이 다 이상하다고 해요. 더이상 직장다운 직장을 다닐 수 없었고, 직장생활은 저에게 꿈도 못 꾸는 상황이 되었어요. 지금 마흔일곱 살인데 취업도 힘들고, 결혼도 생각조차 못해요. 벌어놓은 것이 없거든요. 거의 집 밖에 나가지 않아요.

돈은 벌어야 할 것 같아서 집 안에서 할 수 있는 일을 찾다보니 유튜브 방송에서 알바를 뽑기에 지원해서 일하게 되었어요. 속옷을 찍는 것이었는데 가슴이 많이 노출되었나 봐요. 민원이 계속

들어왔고, 저는 잘렸어요. 비난하는 말도 많이 들었고요. 전혀 모르는 사람이 제 방송을 해외에 팔았나 봐요. 한국에서 유출되는 것은 제가 막았어요. 회사에서도 손해가 크다며 백만 원 손해배상까지 요구했어요. 그러나 해외로 유출되는 것은 한국에서 막을 방법이 없다고 해요. 초상권 침해라고 해도 방법이 없었어요.

지금은 세상이 너무 무섭고, 밖에 나가면 사람들이 알아볼까 봐 나가지도 못합니다. 피해의식도 크고 나쁜 생각만 하게 돼요. 그동안 제가 벌어놓은 돈은 병원치료비, 생활비로 다 써버렸어요. 요즘은 불안장애도 심해지고 언어장애도 심해졌어요. 여러 가지 아르바이트를 하려고 해봤는데 오래가질 못해요. 사람들이 저를 싫어해요. 저는 뭐라도 하고 싶은데 못해요. 어떻게 살아가야 할지 막막하기만 해요."

자신이 힘든 상황에 놓였을 때는 '우울하고 힘든 나'만 보인다. 내 안에는 '건강하고 행복한 나'도 있는데, 불안이 올라올 때는 마치 '건강하고 행복한 나'는 없고 '우울하고 힘든 나'만 존재하는 것 같은 착각을 하게 된다. 자신 안에 다양한 자아가 있음을 알아야 한다. 다양한 자아가 하나로 통합되어 균형을 맞추는 것을 자아통합감이라고 하는데, 이는 가족이나 이웃, 친구 그리고 사회활동에 이르는 자기 삶을 돌이켜보는 것이라고 할 수 있다. 또 자기 삶에 대한 전반적인 만족, 있는 그대로를 인정하는 수용, 미래에 대한 긍정적 태도 등을 가지고 삶에 최선을 다했다는 자세를 가지는 것이다.

사는 게 너무 힘들고 불행하면 그것을 행복한 쪽으로 전환하는 데 많은 시간이 필요하다. 한번에 되지 않기에 노력해야 한다. 웃음을 주는 개그 프로그램을 보거나, 좋아하는 드라마를 보거나, 신나고 경쾌한 음악을 듣거나 노래를 부르는 것도 좋다. 좋은 글귀가 있는 책을 읽거나 강의를 듣는 것도 도움이 된다.

> 열심히 살아온 당신,
> 존중받을 자격 있다

삶에 지칠 때 자신이 못됐거나 어린아이 같아서가 아니라 써야 할 에너
지가 바닥이 나서 그렇다는 것을 먼저 기억했으면 한다.

거저 오는 인생은 없다

"선생님, 요즘 저 자신을 제가 너무 많이 괴롭혀서 힘들어요. 저는
모범생처럼 자라왔고 무탈하게 컸어요. 집이 부유하지는 않아서
먹고살기 바빴다고 해요. 어머니는 전업주부였지만 언니와 저는
방치된 채 자랐어요. 그것이 무탈하다고 생각했던 것 같아요. 성인
이 되어 그것이 방임에 가까웠다는 것도 알았어요. 모든 일을 알
아서 결정하고 혼자 삶을 계획하고 사회생활을 했으니까요.

제가 저를 생각해볼 때 양심적이고 도덕성이 남들보다 과하
다는 말을 자주 듣는데 그 부분이 지금 저를 많이 힘들게 해요. 조

금만 기준에서 벗어나도 스스로 정죄한다는 것을 알았어요. 아무 것도 아닐 수 있는데 말이에요. 저는 의학공부를 해서 현장에서 일하고 있어요. 그러다가 저를 더 힘들게 하는 저 자신을 발견했어요. 타인을 수용하기보다는 저 자신을 더 후벼파고 있음을 자각하면서 죽음을 생각하게 되었어요. 이런 행동이 어른답지 못하다는 것도 알아요. 때로는 너무 창피하고 수치스럽기까지 해요."

안타까운 마음이 먹먹함으로 다가왔다. 과연 어떤 말을 해줄 수 있을까? 어른답지 못해서가 아니라 책임을 져야 하는 역할에 대한 당위성 때문에 자신이 자신을 너무 지치고 힘들게 한다는 것이 명백해 보였다. 지친 마음을 가족에게 위로받고 싶으나 위로는 커녕 오히려 "왜 그렇게 부정적이고 비관적이냐?"라는 말을 들으면서 상황이 더 나빠졌던 것 같다.

자신이 자신을 위로해주는 것이 가장 이상적이지만 늘 타인을 먼저 챙기고 배려하는 사람에게는 '스스로 위로하고 토닥여주라'는 말이 때로는 가혹하게 들릴 수 있다. 가족 안에서 소외당했다는 느낌이 들어 눈치 보고 비위를 맞추며 살았지만 강한 도덕성 때문에 자신을 책망하게 된다.

어린 시절 방임된 채 자랐지만 자신은 그것이 건강한 가족의 형태라고 믿었기에 스스로도 혼란을 많이 겪은 것이 사실이다.

'세상에 공짜가 없다'는 말이 생각난다. 노력 없이 얻어지는 것은 아무것도 없다. 당장은 혜택을 받은 것처럼 보이나 언젠가는 그만큼 대가를 다른 형태로 치르게 되어 있다. 스스로 위로의 시간을 갖거나 자신의 강점을 받아들이는 훈련이 많이 필요하다. 지금까지 그렇게 하지 못한 데는 분명한 이유가 있다. 그동안 에너지를 다른 곳에 다 빼앗겼기 때문이다. 살아내기 위해 그동안 열심히 살아온 자신에게 '너무 형편없다'고 단정하지 않기를 바란다. 삶에 지칠 때 자신이 못됐거나 어린아이 같아서가 아니라 써야 할 에너지가 바닥이 나서 그렇다는 것을 먼저 기억했으면 한다.

가장 가까운 가족이 먼저 알아봐주고 위로해주고 존재의 가치를 인정해주면 좋겠지만 그들도 각 개체일 뿐이다. 자신의 정체성을 스스로 찾고 위로하고 인정해주지 않으면 지금처럼 써야 할 에너지가 하나도 없을 때 허망함을 느끼게 된다. 이때 그동안 공부했던 많은 것이 자신을 더 힘들게 할 수도 있다. 상담 공부를 하면 자신을 조금 더 들여다볼 수 있지만 그렇다고 해서 타인을 수용하는 능력이 커지는 것은 아니다. 타인을 수용하기 전에 자신을 옥죄지 않았으면 한다. 그 부분에서 벗어나야 정체성을 찾게 되고 타인을 수용하게 된다. 이것은 에너지를 잘 분배해 허투루 사용하지 않은 결과다.

자기 삶을 재구성하지 못해서가 아니라 내재된 힘으로 재구성하기에 충분한데도 현재 처한 상황이 너무 힘들어 전혀 다른 방향으로 삶을 재구성하고 있을 뿐이다. 그러한 것이 자신을 더 가학하지는 않는가? 자신에게 좋은 자원이 아주 많은데도 그것을 부정하면 물 흐르듯 흘러가지 않는 요인을 찾아봐야 한다. 자연스럽게 흘러가지 못하는 원인을 탐색해보고, 자신을 더 초라하게 위축시키거나 쓸모없이 느껴지게 하지 않기를 바란다.

우리는 균형 잡힌 삶을 살지 않으면 매 순간 생각 속에서 시달리게 되어 있다. 불안한 생각, 두려운 생각, 공포감을 느끼는 생각으로 악몽을 꾸게 된다. 감정의 치우침, 생각의 치우침이 없어야 악몽에서 벗어날 수 있으며 균형 잡힌 삶을 살게 된다.

긍정적 존경의 경험이 나를 살게 했다

자신을 괴롭히는 생각은 되도록 하지 않아야 한다. 그런 생각이 몰려올 때는 자기 강점을 생각하고 자신에게 도움을 받아 새로운 희망을 찾아가는 사람들을 떠올려보는 것도 도움이 된다. 우리는 욕구를 만족시키기 위해 여러 가지 시도를 하게 된다. 그러나 그것은 상당히 주관적이므로 지각된 현실 속에서 자신을 유지·향상하기 위해 행동으로 옮겨야 한다. 즉 자신의 사적인 경험세계를 바탕으로 객관적으로 반응하는 것이 아니라 자기 나름대로 지각하고 느끼고 생각하고 주관적 현실에 반응해야 한다. 그 과정에서 사적인 경험으로 최대한 자유를 긍정적인 방향으로 진행하지만 반대로 자기 자유가 속박되면 자신과 가정은 물론 사회에도 악영향을 미치게 된다.

주관적 경험은 상당히 중요하다. 자신을 회복하기 위해서는 좋은 경험을 다시 차곡차곡 쌓아가는 노력이 필요하다. 자신이 어떤 특정한 행위를 하거나 결과물을 나타내지 않아도 사랑받고 존중받기에 충분하다는 것을 인정해야 한다. 새로운 상황에서 무조건적인 긍정적 존경의 경험이 길러져야 한다. 경험이 많을수록 그 힘을 기르기가 쉬워진다. 그러니 자신 안의 잠재력을 믿어야 한다.

비난은 전혀 도움이 되지 않는다. 그 비난의 방향이 자신이든, 가족이든, 타인이든, 사회든 모든 것에서 비난은 잠재력을 상실시킨다. 우리 안에는 파괴적이고 공격적인 성향이 있다. 부당한 상황에서 파괴적이고 공격적인 성향은 정당하게 노출될 수 있다. 그러지 않으려면 스스로 자기 존재 가치를 인정하고 자기 안의 '당당함'은 없는 것이 아니라 단지 지금은 에너지가 고갈되었음을 알아차리고 다시 구성하면 된다.

드라마를 보다가 1만 원이 전 재산인 사람에게 1,000원의 가치와 100억 원을 가진 사람에게 1억 원의 가치에 대해 생각해보게 되었다. 요즘 점심식사로 최저 5,000원에서 1만 원 정도를 지출한다. 편의점에는 1,000원대의 삼각김밥부터 간식류가 다양하다. 햄버거도 종류에 따라 다르지만 적어도 7,000원 정도는 있어야 제대로 먹을 수 있다. 이렇게 따질 때 점심 한 끼를 1만 원으로 생각해본다면, 1만 원이 전 재산인 사람에게 점심은 어떠한가? 그들에게 1,000원은 엄청 큰돈이다.

타인에게 1,000원을 빌렸음에도 쉽게 잊어버리는 액수일 수 있다. 그러나 받아야 하는 입장은 다르다. 그 돈이 있어야 생활이 된다. 가족 입에 풀칠을 할 수 있거나 잠시나마 숨을 돌릴 수 있는 여유를 줄지도 모른다. 이처럼 우리는 타인의 삶을 알지 못할뿐더러 알고 싶어하지도 않는다. 다만, 100억 원을 가진 사람이 1억 원을 흥청망청 쓰는 모습에 부러움, 분노, 무관심 등의 미묘한 감정을 느낄 뿐이다.

자기 입장에서 타인을 비난할 수도 없고, 타인 입장에서 자기 입장을 이해받기를 바라는 것 또한 있을 수 없다. 다만, 관계 안에서 서로 지켜야 하는 도덕적인 예의를 지켜주기를 바랄 뿐이다. 이렇게 서로 지켜야 할 도리 또한 욕심일까 하는 의문이 들며 각양각색의 사람들을 통해 어떤 규약이 옳은가에 대한 회의감을 느낄 때도 있다. 서로 지키지 않는 규약이라면 무슨 의미가 있을까 싶고 지켜왔던 삶의 가치가 흔들리지 않고 꿋꿋하게 버틸 수 있을까 하는 의문도 생긴다.

　자기 삶이 의미 있고 가치 있기를 원한다면 타인의 삶도 그처럼 귀하게 여기는 마음이 필요하다. 또한 다른 사람 눈치를 보지 않고 자기 길을 가야 하는 이유는 자신 안의 떳떳함과 정직함, 삶의 의지와 열정을 높이 사기 때문이다.

'나'라는 존재가 소멸될까봐 두려워하고 그것을 피하려고 내면과 엄청
난 투쟁을 하게 된다. 그것이 외부로 표현되는 것 중 하나가 '과잉친절,
과잉배려'다.

버림받을까봐 두렵기만 하다

지나친 친절과 배려는 과잉보호, 과잉양육과 어떤 관련이 있을까?
어린아이가 아닌데도 타인에게 잘하고 싶은 것은 자신도 알지 못
하는 무의식의 세계에서 '버림받을까봐' 두려워하기 때문이다. 더
쉽게 표현하면 인정욕구가 강하고 자신을 믿기보다는 다른 사람
의 평가를 믿으며 쉽게 유혹당하는 유형이기 때문이다. 자신이 부
모나 가족에게서 받아보지 못했기에 과잉친절, 과잉배려, 과잉보
호, 과잉양육을 다른 사람들에게 하는 것이다. 그것은 자신이 받고
싶은 것들이다.

인간관계에서 '버림받음'에 대한 두려움이 사라지지 않아 자신을 괴롭히는 경우를 종종 본다. '나는 원래 환영받지 못하는 존재야' '사람들은 나를 좋아하지 않아'라는 생각이 스스로를 힘들게 한다. 그런 생각은 어디서 왔을까? 아이가 엄마 배 속에서 분리되어 새로운 환경에서 고통스러운 경험을 할 때 엄마에게서 안전하게 보호받고 따뜻함을 제공받지 못하면, 아이는 세상을 무섭게 생각하고 스스로 실패한 인격체로 인지하게 된다. 아이는 어릴 때 엄마가 '까꿍놀이'를 하면서 "엄마, 여기 있다"라고 할 때 '엄마'라는 대상이 항상 존재한다는 것을 알게 되고 신뢰감과 안정감을 갖게 된다.

이 시기에 '엄마'가 나타나지 않거나 울어도 돌봐주지 않으면 아이는 불안을 느낀다. 그 불안은 죽음에 가까울 만큼 거대하다. 엄마가 사라지고 자신이 버림받는 강렬한 두려움을 반복적으로 경험하면 어른이 되어서도 혼자 있지 못한다. 또 버려질까 두렵고 불안해서 대인관계나 사회적인 관계에서 분주하게 움직이는 행동 양상을 보인다.

그렇게 형성된 불안은 자율성을 박탈할 뿐 아니라 성 정체성까지 위협하고 방해한다. 즉 '나'라는 존재가 소멸될까봐 두려워하며 피하려고 내면과 엄청난 투쟁을 하게 된다. 그것이 외부로 표현되는 것 가운데 하나가 '과잉친절과 과잉배려'다. 그런 사람이 결혼해서 아이를 낳으면 '과잉보호, 과잉양육'을 하게 된다. 결과적으로 자신의 결핍감을 해소하려고 대상과 보상적인 관계를 맺는 것이다. 이런 좋지 않은 관계는 상대방의 마음을 조정하고 지배하는 마술적 기능을 하기 때문에 깨지게 되어 있다.

정신발달에 결함이 있는 사람들은 자기가 깨질 것 같은 불안, 상대방에게 함부로 취급당하는 수치심을 드러내지 않으면서 관계를 좋게 하려고 무던히 애쓴다. 그 과정에서 공허함과 분노감을 경험하기 때문에 충동적인 행동을 보일 수밖에 없다. 이성을 마비시키고 자기 자신을 잃어버리기 쉬운 분노는 결국 관계를 회복하기 어렵게 하고, 충동적인 행동이 격해지면 자해와 자살로 이어지기도 한다.

인간관계에서 친절과 배려는 충분필요조건이다. 적당한 친절과 배려는 관계형성의 최적의 상태다. 최적의 상태에서 상대방을 존중하는 것이다. 그렇다면 '과잉'만이 결핍의 표현일까? '친절과 배려'가 전혀 없는 자기중심적인 사람도 의외로 많다. 그들은 무엇이 결핍되었을까? 자아팽창 상태, 즉 자기애에 도취되어 있는 사람도 결핍의 종류가 다를 뿐 '욕구 불만족'에서 오는 결핍이 있는 것은 비슷하다. 그런 사람은 상대방에 대한 배려뿐만 아니라 어떤 어려움에 처해 있는지도 지각하지 못할 만큼 자기중심적일 수 있다. 어쩌면 정신발달 과정에서 결함을 지니지 않은 완벽한 사람은 없을지도 모른다.

지나치게 친절하고 과잉배려를 하는 사람이 옆에 있다면, 이제 친절을 그만 베풀어야 한다. 그리고 자기 욕구를 채우는 도구로 사용하는 일을 멈춰야 한다. 더는 상처를 주지 말고 그들의 귀한 존재를 인정해야 한다. 상처는 주는 것이 아니라 받는 것이라고 한다. 결핍으로 인한 상처는 타인에게 화살을 쏘는 것이 아니라 자신을 비하하거나 죄책감 속에서 살게 한다.

나는 과잉친절을 베푸는가, 적절하게 친절한가? 아니면 무관심한가? 스스로 점검해보는 시간이 필요하다. 만약 든든하고 안전한 돌봄을 제공해주는 대상을 만나게 되면, 어릴 적 부모에게서 채워지지 않았던 대상과의 유기불안(버림받음)이 그 대상으로 충족되어 치료적 효과를 얻을 수 있다. 자신의 정체성에 대한 확고한 인식도 필요한데, 그러려면 '있는 그대로 참 아름다운' 자신을 인정하고 받아들여야 한다.

한약을 말없이 내준 원장님

"잔병치레가 많은 열두 살 된 쌍둥이 아들을 키우는 40대 엄마입니다. 쌍둥이는 태어나자마자 가와사키병으로 중환자실 신세를

졌어요. 가와사키병은 원인 불명의 급성 열성 혈관염으로 피부, 점막을 포함한 온몸의 혈관계에 염증이 생기는 질환입니다. 특히 심장의 근육에 혈액을 공급하는 관상동맥에 염증이 생기면 치명적일 수 있다고 했어요.

쌍둥이는 이뿐만 아니라 호흡기 질환으로 감기와 축농증을 달고 살았어요. 그래서 항생제를 몇 년 동안 먹었지요. 지인들 소개로 한의원도 다녔는데, 한의원에서는 갈 때마다 한약을 권했어요. 꼭 치료해야겠다는 생각으로 한약을 지었는데 한 번 결제금액이 250만 원인 경우도 있었어요. 한의원은 치료비가 많이 드는 만큼 경제적 부담이 컸음에도 기대한 효과는 보지 못했어요.

이비인후과에서 계속 축농증 약을 받아다 먹였어요. 새로 소개받은 한의원에서는 항생제는 그만 먹이고 염증을 말려줘야 하니 한약을 먹이라고 했어요. 첫날 두 아이 치료비와 한약값이 77만 원 나왔어요. 남편이 실직한 상태가 3년째 되다보니 경제적 부담이 커서 원장님에게 사정을 말하고 한 아이 먼저 먹이고 다른 아이는 다음 달에 먹이겠다고 했어요.

그러자 한의원에서는 한 사람분 결제를 취소하고 한약은 두 사람분을 지어주었어요. 원장님은 자기 아이들도 자주 아파서 고생했고, 경제적으로 어려움도 겪어봤기 때문에 충분히 이해한다며 미안해하지 말라고 오히려 조심스레 말했어요. 살면서 지금까지 한 번도 다른 사람의 호의를 받아본 적이 없었기에 눈물이 앞을 가려 인사도 제대로 하지 못했어요."

자신이 경험한 것을 타인이 똑같이 경험하고 있을 때 안아주는 사람이 있는가 하면 책망하는 사람도 있다. 그러나 그 아픔과 고통의 시간을 알기에 인간적인 사람이 더 많은 사회가 좋은 사회일 것이다. 한의원 원장님의 따뜻한 배려는 또 다른 선의의 마음을 낳게 한다. 한 번밖에 보지 않았는데도 그 사정을 이해해준다는 것은 그만큼 원장님이 따뜻한 인간애를 지닌 분이라고 할 수 있다.

우리가 살면서 만나는 사람들이 모두 진정한 배려를 하고 친절하게 대하지는 않는다. 그러니 어쩌다 한 번이라도 따뜻한 사람을 만난다면 그것으로 충분히 감사하며 살 수 있지 않을까? 그 어쩌다 한 번이 30년이 걸릴지, 50년이 걸릴지 알 수 없지만 선한 마음으로 살다보면 전혀 생각지 않은 행운이 오기도 한다. 그것이 그래도 살아갈 희망이 있다는 증거 아닐까?

우리는 자신의 사고와 정서와 행동과정을 바꿀 능력을 충분히 가지고 있다. 다시 말해 자신이 늘 하던 행동유형과 다른 형태를 선택할 수 있다. 생각하지 않으면 자신도 모르는 사이에 늘 해왔던 패턴으로 살아가게 된다. 그것이 무의식 속의 '반복패턴'이다. 패턴을 바꿀 수 있는 힘은 누구에게나 있다. 그래서 죽을 때까지 편안한 마음으로 살아가도록 다양한 경험을 통해 스스로 훈련할 수 있다. 그 경험 중에는 고통스럽고 피눈물 나는 분노와 억울함까지도 포함된다.

편안한 마음을 지속하려면 자기와 대화하고, 자기를 긍정적으로 평가하며, 좋은 자기를 유지해야 한다. 그러나 잘못 학습된 생각이나 '나만 왜 이러지? 해도 소용없네' 같은 자기패배적 신념으로 선천적인 자기실현의 경향성이 봉쇄되고 성장이 정체되기도 한다. 때로는 과도한 책임감과 당위성 때문에 자신을 더 매몰시키는 경우도 있다. 이 경우 과거 자신의 잘못된 신념체제를 다른 신념, 생각, 가치로 대체함으로써 현재의 패턴에서 벗어날 수 있다.

삶이 억울하다고 느껴지는 것은 욕심 때문이다

진짜 억울함일까? 그 안의 솔직한 마음은 무엇일까? 그 억울함은 누구에 대한 것일까? 그것은 자신의 기대가 좌절되고 욕망대로 되지 않음에서 오는 억울함인지도 모른다.

책임을 전가하면 안 되는 일

"저는 어릴 때부터 늘 배려하라고 배웠어요. 다른 사람 것은 탐내지 말아야 한다고 했어요. 웃어른한테는 말대꾸를 하면 안 된다고도 했고요. 억울해도 참았던 일들이 너무 많아요. 다섯 살 때 어머니가 집을 나갔어요. 공무원이던 아버지가 저와 여동생을 키우셨어요. 고등학교만 졸업하고 군대를 다녀온 뒤 몇 년 방황하다가 스물일곱 살 때 취업했어요. 그리고 사내 연애를 했지요. 저보다 다섯 살 많은 여자였는데 알고 보니 사장 애인이었어요. 알면서도 포기하지 않았어요. 회사에서 상여금을 적게 받거나, 야근수당 없이 일을 하거나 부당한 대우를 받아도 참았어요. 여자를 쟁취하기 위해서는 이런 일쯤은 감수해야 한다고 생각했어요. 그런데 알고 보니 이 여자는 나를 만나는 동안에도 사장을 계속 만나고 있었어요. 오기가 생겨서 끝까지 해보리라 생각했어요. 그런데 이 여자 마음은 사장한테 가 있었고, 저는 재미로 만난 것뿐이라고 했어요.

늘 배려하고 제 것도 못 챙기며 살았기에 참을 수 없었어요. 그래서 회사 돈에 손을 댔어요. 2년에 걸쳐 4억 원을 빼돌렸는데 제 분노가 나쁜 마음을 먹게 한 거지요. 여자에 대한 상처도 컸지만 사장이 더 싫었어요. 결국 들통이 났고 엄청난 배상을 한 뒤 회사에서 잘렸어요. 회사를 나오고 1년이 지난 다음 그 여자에게 만나고 싶다고 전화했어요. 그때 더 잘해주지 못해 미안하다고 했는데 돌아오는 말은 자기를 잊어달라는 것이었어요. 생각해보니, 이 모든 일의 원인이 아버지에 대한 분노 때문이었어요. 부당하다고 말하면 아버지에게 몽둥이로 맞았거든요. 그래도 나름대로 열심히 살았어요. 방황하면서도 아르바이트를 세 군데나 뛰었고요. 제 삶이 너무 억울하다는 생각이 들어 괴로워요. 이렇게 살아온 제가 잘못인가요?"

이 청년이 말하는 억울함이 무엇일지 곰곰이 생각했다. 그것이 진짜 억울함일까? 그 안의 솔직한 마음은 무엇일까? 누구에 대한 분노 때문에 억울할까? 자신이 정말 봐야 하는 감정이 억울함 뿐일까? 그것은 자기 기대가 좌절되는 것과 욕망대로 되지 않음에서 오는 억울함이었다. 진짜 억울하냐고 자신에게 묻고 대답해야 한다.

억울함은 그에게 어떤 뜻일까? 사람마다 언어가 의미하는 것은 다르게 저장되어 있다. 예를 들어 '김치'라고 하면 어떤 사람은 '빨간 김치'를 떠올리지만 어떤 사람은 '물김치'를 떠올린다. 자신이 어떤 경험을 했느냐에 따라 그 언어의 뜻은 전혀 다를 수 있다.

'억울하다'는 말의 의미는 자기가 하지 않았는데도 누명을 쓴 거라고 할 수 있다. 또 자기 이야기를 듣지도 않고 무방비 상태에서 통보하거나 퇴출했을 때라고 할 수도 있다. 전혀 다르게 얘기하면, 여자에게 차이기 전에 내가 먼저 차지 못해서 억울하다고 할 수도 있다. 이처럼 자신 안의 잘못된 승부욕을 억울함으로 표현할 수도 있다. 이렇듯 언어는 서로 다른 의미로 풀이되기 때문에 각자 느끼는 의미를 먼저 파악해야 한다.

위 사례에서 남성은 어린 시절 부당해도 참아야 하는 구조 속에서 성장했다. 사람이 죽을 때까지 아무 일 없이 성장할 수 있다면 무엇이 문제일까? 그러나 잘못된 사고와 생활양식은 나와 다른 사람을 만나는 순간 문제가 드러나게 되어 있다.

아버지의 엄격한 가정교육 안에서 돌봄이 필요한 시기에 돌봄을 받지 못한 결핍 때문에 연상의 여자를 만났지만 결국 실패했다. 자기 잘못이라고 하기에는 충분히 억울할 수 있다. 그러나 사장의 애인인 걸 알면서 포기하지 못한 것은 자기 욕망이었다. 자기 욕망을 버리지 못한 순간 일이 꼬이면서 부정적인 정서가 더 높게 표출되어 행동으로까지 나타난 것이다.

그 여자에게 잘해주지 못해 미안하다고 했다. 억울함이 또 미안함으로 바뀌었다. 이건 또 무슨 말일까? 자신이 이용당했다면 아무 감정이 들지 않는 사람이 있을까? 그러나 이미 헤어졌고 사랑하는 마음이 없었던 사람이다. 자신의 상실감을 다른 사람의 책임으로 전가하면 안 된다.

정말 미안하다면 그 시간을 자신과의 싸움에서 견뎌주어야 한다. '견뎌준다'는 말이 어렵다면 그냥 자연스럽게 흐르도록 놔두는 것이다. 마치 계곡물이 위에서 아래로 흐르듯이 어떤 외부의 자극으로도 막지 못하는 상태와 같은 것이다. '미안하다'는 말은 다시 만나고 싶다는 욕구의 표현이지만, 이는 욕구를 넘어서 욕심에 가깝다. 자기 욕심을 채우기 위한 것인데 미안함이고 억울함이라고 할 수 있을지는 생각해봐야 한다.

우리가 '억울하다'고 할 때 그것은 누구에 대한 억울함일까? 자신일까, 타인일까? 억울함의 주체를 명백하게 구별해야 한다. 또 그 억울함을 누구에게 풀고 있는가? 혹시 그 대상이 가장 가까운 가족은 아닌지 살펴봐야 한다. 지금은 어릴 때 사랑받지 못한 다섯 살이 아니라 어른이다. 어른이라고 하지만 성숙한 성인이라고 할 수는 없다. 그러나 중요한 것은 말대꾸도 하지 못하고, 하고 싶은 말도 참으며 아버지 눈치를 보는 다섯 살 어린아이가 아니라는 것이다. 미성숙하더라도 적어도 자기 의사를 정확히 표현할 수 있는 어른이다.

내 마음을 먼저 읽자

자신이 자신에게 이제는 말해줘야 한다. "너는 이젠 그때 두렵고 돌봄을 받지 못하고 늘 베풀고 참아야 했던 다섯 살 아이가 아니야. 이제는 너무 힘들면 베풀지 않아도 되고 참지 않아도 돼. 지금부터는 내가 네 엄마가 되어줄게. 두려워하지 마. 외로워하지도 마. 내가 네 곁에 항상 있을게." 자신을 스스로 토닥토닥하며 안아줄 수 있는 시기다. 진실은 마주하기가 정말 힘들 수 있다. 어쩌면 진실이 무엇인지 모를지도 모른다. 진실은 '어린아이가 아프다는 것' 그리고 그 어린아이가 서른한 살이 되어도 그대로 아픈 상태라는 것이다. 이제는 인정하고 안아줘야 한다.

　사람들과 관계를 맺는다는 것은 무엇을 의미할까? 그 속에는 어떠한 것들이 들어 있을까? 수없이 질문을 해보고 질문을 받기도 한다. 관계 속에서 아무렇지도 않은 일로 어떤 사람은 편하고 어떤 사람은 불편한 까닭은 무엇일까? 아무렇지도 않다는 것은 말하는 사람의 입장일 것이다. 듣는 사람의 입장은 달라서 또 다른 차원이 있다. 사람마다 받아들이고 이해하는 차이도 있다.

예를 들면, 친구들이 함께 이동하는데 한 친구가 추워서 뛰어가는 것을 보고 '나랑 같이 가기 싫어서 그런가?'라고 생각하는 친구와 그 일을 전혀 의식하지 않는 친구의 감정은 다르다. 의도하지 않은 행동에서 의미를 생각하는 상대방은 어떤 마음일까? 역지사지(易地思之)라고 하듯이 상대방 입장이 되어보자. 전혀 이해할 수도 없고 이해하고 싶지 않을 수도 있다.

우리 머릿속에는 사람마다 가지고 있는 마음의 크기가 다르게 저장되어 있다. 상대방에 대한 사랑, 배려, 관심 정도가 건강하게 잘 드러나는지, 집착 비슷하게 부정적인 마음인지에 따라 저장되는 양식이 달라진다.

서로 다른 입장에서 마음을 살펴보자. 병이 진행되는 과정에 불안과 두려움을 느낀 환자는 의사의 따뜻한 말 한마디라도 더 듣고 싶은데 의사는 밀린 환자가 많다보니 어서 진료를 끝내고 싶어 할 때 환자 마음은 어떨까? 입장 차이가 확연하게 구별된다.

이처럼 분명한 것은 이해하기 쉽지만 사랑과 관심의 마음은 상당히 주관적이기 때문에 구별하기가 어렵다는 것이다. 그러나 이렇게 주관적인 경우에는 대부분 자신에게 화살을 꽂는다. '나란 사람이 이것밖에 안 되는구나' '내가 바보멍청이지'라며 '자기비하' 또는 '자기비판'을 하게 된다.

타인과의 관계가 자신을 아프게 하는데도 계속해야 할 만큼 중요한 것일까? 스스로 무너지지 않을 만큼 관계를 유지하려면 자존감과 맷집이 강해야 한다. 맷집은 어떤 상황에서도 넘어지지 않는, 자신 안에서 우울감이나 무기력증을 느끼지 않을 만큼 단단함을 말한다. 맞아도 맞아도 맷집이 강하면 아무렇지 않게 된다. 살짝만 부딪쳐도 쓰러진다면 폭풍우가 몰려올 때는 어떻게 살아남을 것인가? 살아내는 것조차 힘겹지 않겠는가. 그래서 삶에는 맷집이 필요하다. 마음도 맷집이 있어야 단단함 속에서 관계를 잘할 수 있다.

어릴 때 '온실 속 화초'처럼 자랐다면 또 다른 세상 이야기가 시작될지도 모른다. 그 이야기는 자존감 충만, 자존감 결핍, 방임 등 다양하게 나타날 수 있다. 여기서 자존감은 또 다른 맷집을 만든다. 결핍으로 인한 마음은 다시 차곡차곡 다져져야 한다.

우리는 기분이 좋지 않을 때나 우울할 때 '내가 다른 사람에게 인정받고 싶었나?' 한다. 다른 사람의 요구를 채워주기 위해 또는 자기 요구를 충족하고 싶은 그 무언가를 점검하는 시간을 가져보는 것이다. 이것은 자신이 살아온 삶의 양식, 부모의 영향, 어떤 교육을 받았느냐에 따라 결과가 달라진다. 분명한 사실은 자신을 반복해서 점검하다보면 어느 순간 평온함이 찾아온다는 것이다.

생각의 쉼을 위한 감각 훈련법을 소개한 『내 마음에 다리 놓기』라는 책에 "생각은 삶이 아니다. 생각을 멈추고, 감각으로 사유하라"라는 글귀가 있다. 감정적 반응은 다른 사람의 행동에서 오는 것이 아니다. 관계를 구성하는 요인 중 하나는 자신에 대한 기대다. '행복해야 해' '인정이 많아야 해' '멋진 사람이 될 거야' '성실해야 해' '친절해야 해' 등 자기만의 삶의 지도를 만들어 살아가는 것이다.

삶은 때로는 특별하지 않을 수 있다

매사에 배우는 자세가 자신을 성장하게 한다. 그것은 내면이 성장하는 것이다. 내면의 성장이 없으면 옹고집이 된다. 소통할 수 없는 상태가 될 수 있다.

나는 누구이고 어떻게 살 것인가

인생을 살아가면서 누구나 한 번쯤 '나는 누구인가' '어떻게 살 것 인가' '어떻게 죽을 것인가' '지금 내가 잘 살고 있는가'를 고민해 보았을 것이다. 이런 고민은 삶의 근원적 물음이기도 하다. 인간의 본질을 들여다봄으로써 자신의 정체성을 정립해가고, 그 속에서 참자기를 만나며, 어떻게 살아가는 것이 자신의 본질과 맞는지 찾 게 된다.

우리는 '무엇을 실천하며 살아야 하는가' '삶을 통해 얻고 알 수 있는 것은 무엇인가'를 항상 자신에게 물으며 자신만의 삶의 가치와 행복을 찾아가야 한다. 삶은 누구에게나 특별하지만, 누구에게나 삶이 특별하지 않을 수도 있다. 자신이 어떤 삶을 선택해 살아가고 삶의 가치, 삶의 방향, 존재감이 무엇이냐에 따라 삶이 다르게 되기 때문이다.

양육환경에 따라 '나는 누구인가'의 주체가 바뀌는 경우도 있다. 부모와의 상호작용이 양방향으로 되어야 자기 존재를 더 긍정적으로 찾을 수 있다. 이를 상호결정론으로 표현하면 부모의 행동은 자녀의 행동에 또는 자녀의 행동은 부모의 행동에 서로 영향을 미친다는 것이다. 서로에게 좋은 영향을 미칠수록 긍정적인 자아감을 형성하게 된다.

초등학교 5학년인 박 군의 어머니는 아들과 대화하는 모든 단어가 욕으로 시작해 욕으로 끝난다. '진짜 친엄마 맞나?' 하는 의심이 들 정도로 위협적이고 칼날 같은 언어가 박 군에게 쏟아진다. 박 군은 그런 행동이나 언어에 너무나 익숙하다. 이런 박 군에게는 어떠한 자아상이 형성되어 있을까? 어른이 되었을 때 '나는 어떤 존재일까'라는 물음에 어떤 답을 할지 물음표를 찍게 된다.

잘 먹고 많이 자는 아이, 안 먹고 잘 못 자며 우는 아이, 눈만 흘겨도 상처받는 예민한 아이, 심하게 야단쳐도 금방 웃고 안겨오는 아이, 야단을 치면 도망가는 아이 등 기질이 다양한 아이들을 똑같은 방식으로 키운다면 엄청난 오류를 범하는 것이다. 아이의 기질을 먼저 파악하고 그 범주 안에서 할 수 있는 영역을 분담하는 것이 좋다.

예를 들어 엄마 없이도 혼자 잘 노는 아이, 엄마가 있어도 엄마 주변에서 맴도는 아이, 낯가림 없이 아무한테나 가서 잘 적응하는 아이 등 양육자의 기질이 양육에 지대한 영향을 미친다. 그뿐 아니라 성장하면서 자존감을 정립해가는 데도 아주 중요한 역할을 한다.

자신이 타고난 기질을 바탕으로 본질과 존재감을 형성할 때 가장 먼저 받아들이고 인정하는 것이 중요하다. 물론 후천적으로 노력하고 학습해서 변화될 수도 있다. 자율성이 높은 사람은 자기를 돌아볼 때도 각성 수준이 높다. '나는 누구일까'라는 본질적인 문제에 부딪혔을 때 자신을 찾아가는 방법은 기질, 환경, 성찰 정도에 따라 다르지만 무엇보다 항상 냉철하게 자신을 보는 연습은 필요하다.

자기 삶을 살아간다는 것은 어떤 의미일까? 그것은 어떤 상황에서든 자기 길을 스스로 가는 것이다. 고통 없이 길은 만들어지지 않는다. 그래서 고통이 오히려 축복일 수 있다. 외상(外傷)은 어떤 종류든 충격적이고 아픔으로 남는다. 부모의 죽음은 특히 더하다. 소중한 사람을 잃었을 때 자신이 없어진 듯한 느낌으로 시간을 보내기도 한다. 마치 술로 세월을 보내는 것과 같다. 이런 시간 속에서는 누구도 그 사람에게 아무것도 해줄 수 없다. 이럴 때는 그냥 가만히 옆에 있어주어야 한다.

인생은 가지 않은 길을 가는 것

우리는 무심결에 해왔던 대로 그렇게 걸어간다. 마치 '다람쥐 쳇바퀴' 도는 기분을 느끼면서 말이다. 그러나 자세히 들여다보면 우리 삶은 조금씩 변화하고 있다. 단지 우리가 체감으로 느끼는 강도가 낮기 때문에 늘 그대로라고 믿는 것은 아닐까? 그러면서 변화를 두려워한다.

그렇지만 우리는 또한 변화를 원한다. 역설(逆說) 같은 표현이지만 역설 같은 일들이 얼마나 많이 일어나는지 민감하게 느끼지 않으며 살 뿐이다. 도전을 두려워하지만 무의식 세계에서는 도전하라고 말한다. 그 도전이 목표를 세우고, 목표를 이루기 위해 하루 일과표를 짜고 잠을 줄이고 돈을 아끼는 거창한 것이 아니다. 여기서 말하는 '도전'은 일상생활에서 삶의 패턴양식을 바꾸는 것으로, 특히 사고의 관점을 염두에 둔 것이다.

나에게 주어진 하루가 늘 똑같지 않음을 알아차리는 것부터 시작한다. 그래서 매일 주어진 하루를 맘껏 느껴보는 것이 새로운 도전이 될 수 있다. 감정을, 마음을 충분히 느끼는 것도 공부와 학습, 연습이 필요하다. 우리가 알고 있는 지식을 쌓는 공부가 아니다. 끊임없이 자신을 진화하도록 하는 공부는 계속해야 한다. 공부를 하면 할수록 자신이 낮아짐을 볼 수 있다.

진짜 공부는 '어떤 사람이나 사물 등에 대한 평가와 판단을 할 수 없음'을 깨닫게 해준다. 그래서 죽음을 맞을 때까지 평온함과 즐거움을 누리는 존재로 살 수 있는지도 모른다. 매일 세상을 보고 배우며 익혀야 한다. 수많은 사람 가운데 그 어떤 삶도 불필요한 것은 없다. 매사에 배우는 자세는 자신을 성장하게 한다. 그 성장은 내면의 성장이 될 것이다. 내면의 성장이 없으면 옹고집이 된다. 소통할 수 없는 상태가 될 수 있다. 옹고집이 되지 않으려면 자신을 먼저 알아야 한다.

인간은 이래도 살아가고 저래도 살아간다. 그리고 이래도 죽고 저래도 죽는다. 삶과 죽음이라는 실질적인 문제 앞에서 좀더 즐겁고 행복하게 살려고 할 때 내가 나를 얼마나 잘 알고 좀더 변화하고 싶어하느냐에 따라 삶의 질이 달라진다. 어떤 상황에서라도 일희일비하지 않도록 마음의 중심을 잡는 일이 중요하다. 그래서 자기성찰은 끊임없이 필요하다.

몸은 거짓말을 하지 않는다. 알아서 쉬어주지 못하고 에너지를 초과하면 반드시 어떤 식으로든 쉬게 한다. 또 몸은 자기를 돌아보는 일(성찰)을 게을리하는 것을 좋아하지 않는다. 하루 일과 중 좋지 않은 일이 있을 때는 잠자리에 들기 전에 자신을 꼭 돌아보게 한다. 어떤 사람은 술로 풀기도 하고, 어떤 사람은 글, 음악, 그림, 게임 등 다양한 방법으로 기록한다. 단지 서로 방법이 다를 뿐이다.

마음 또한 몸과 같아서 더더욱 쉼과 평화를 좋아한다. 젊었을 때는 몸과 마음을 무리하게 사용해도 바로 티가 나지 않는다. 그러나 그 또한 무덤덤하게 간과해버리면 반드시 알아달라고 투정부리게 되어 있다. 새로운 전자제품을 구입했을 때와 같다. 처음에는 고장이 나지 않게 주의하지만 시간이 흐를수록 무감각해지고 소중하게 다루지 않는다. 고장이 나도 고장이 날 때가 되었겠지, 소모품이 그렇지 하고 가볍게 생각한다. 때로는 기계를 무리하게 작동하기도 하고 '이래도 될 테지' 하는 생각도 한다. 그 결과 기계를 처분하고 저장된 모든 데이터를 잃어버리고 나서야 후회한다.

우리는 습관이 된 행동들, 즉 익숙해진 패턴에 스스로 속는다. 일상에서 일어나는 패턴을 의미를 두고 점검해보면 똑같은 하루라 할지라도 늘 왔던 길을 가는 것이 아니라 가지 않은 길을 가게 될 것이다.

마음을 솔직히 표현하기가
왜 이리 힘들까

`;;_;;`

> 자기 아픔을 깊게 생각하지 않지만 오히려 이런 상황에서 '내가 왜 이
> 럴까? 왜 이런 일들이 반복해서 벌어질까?'를 찾아봐야 한다. 그것이 바
> 로 사유적 통찰을 통한 '자기 찾기'다.

분별력이 부족해서 생긴 일

"선생님, 솔직해지는 게 두려워요. 사회에서는 솔직하면 안 되잖아
요." 첫 대화가 울음과 함께 시작되었다. 솔직하다는 것은 정말 두
려운 일이다. 솔직해서 인간관계가 깨지거나 회사에서 해고를 당
하거나 연인하고 헤어지거나 나쁜 사람이 되는 느낌이 '무섭고 두
렵다'는 표현은 맞다. 솔직하기가 왜 이리 힘들까? 사랑하는 사람
을 지키고 싶어서 '나는 그 사람 애인이고, 그 여자는 남자 친구의
여자 친구일 뿐이야. 그래도 나는 그 여자 친구가 정말 싫은데…'
할 수 있다. 하지만 싫은 이유나 감정에 대해 남자 친구에게 솔직

하게 말하지 못하고 퉁명스럽게 '싫다고!'라고만 하면 누가 제대로 알아들을까? 이때 솔직한 마음은 질투심일 것이다. 그럴 때는 솔직하게 자기감정을 섞지 않고 평정심을 가지고 말해야 한다.

"사실 그 여자 친구에 대한 질투심이 올라와서 내가 많이 힘들어. 친구니까 질투하지 않으려 해도 내가 가지고 있지 않은 장점이 많아서 열등감을 느끼는 것 같아. 그러니 내가 조금씩 성장할 때까지 그 친구 만나는 횟수를 줄여주면 안 될까?"

마음을 솔직하게 내보이기는 사실 힘들 것이다. 솔직하지 못한 이유는 애인한테 '배려할 줄 알고 좋은 사람'이고 싶기 때문이다. 열등감을 보이거나 질투가 난다고 말하는 것 자체가 힘든 것은 아닐까 싶다. 이렇듯 우리는 가짜 감정을 많이 쓰며 산다.

또 다른 예로, 모임에서 느끼는 서운한 감정을 솔직하게 표현했는데 왕따가 되는 경우도 있다. 무엇이 문제였을까? 서로 마음을 보듬어준다고, 안전한 집단이라고 해서 모임까지 만들어졌는데, 굳이 문제라면 너무 곧이곧대로 믿은 것이다. "누울 자리를 보고 다리를 뻗어라"라는 옛말이 있다. 이런 경우에는 누구 잘못이 아니라는 생각이 든다. 처음에는 분노가 일 것이다. 믿고 이야기했는데 그 다음은 '사람은 역시 믿을 존재가 아니야', 그 다음은 '내가 분별력이 부족했어'라고 스스로 자기 문제를 해결하기도 한다.

그렇다. 나 또한 분별력이 부족해 이와 같은 경험을 많이 했다. 하지만 그것은 누구의 잘못이 아니다. 자기 잘못도, 그들 잘못도 아니다. 그럼에도 그 자리에서 잘 버텨야 했을지도 모른다. 버티는 것인지 견디는 것인지 아니면 둘 다인지도 모른다. 사회생활을 잘하려면 말이다. 인간은 사회적 동물이라고 하지 않는가.

직장에서 좋은 선배, 좋은 상사가 되고 싶어하는 마음은 누구에게나 있다. 그러나 일의 효율성을 높이기 위해서는 서류를 다시 작성하게도 하고, 밤새 작업했던 일을 뒤엎어야 하는 경우도 있다. 때로는 화를 내기도 하고 서류를 던지기도 한다. 여기서 무엇이 잘못되었을까? 개인의 감정이 섞여 있다는 것을 알아야 한다. 차분하게 설명해도 되는 것을 자기 성질대로 분풀이하듯이 한다는 것이 문제다. 자기감정을 매 순간 점검해야 하는 이유가 바로 이런 것들 때문이다. 자기감정이 1%라도 들어갔다면 잠시 생각과 감정을 정화한 다음 말을 해도 늦지 않다.

내 안에 너무 어린 아이가 있다

어떤 모임에서 회장을 하고 싶어하는 사람이 있다. 스스로 회장을 하겠다고 나서면 좋을 텐데 그 사람은 전혀 임원을 할 생각이 없는 것처럼 회원들에게 말한다. 그리고 총회 때가 되면 회장이 될 것을 예상하고 옷차림부터 꾸미고 나타난다. 그 사람은 솔직했는가? 그 사람의 일상은 거의 대부분 이런 식이다. 자신이 진짜로 하고 싶은 것을 빙빙 돌려 말하거나 다른 사람을 시켜서 자신을 주목받게 하는 방법으로 살아왔다. 그가 회장이 되는 것을 막기 위해 뒤에서 힘을 써도 오히려 이런 사람이 회장이 되는 경우를 자주 볼 수 있다.

또 다른 예로, "나는 돈 필요 없어"라고 말하면서 자기 지갑에서는 돈이 나오지 않고 다른 사람 지갑을 열게 하는 경우도 있다. 어떤 사람은 그 또한 그의 능력이라고 한다. "나는 권력을 좋아하지 않아"라고 말하면서도 다른 사람 앞에 나서길 좋아하고 직위를 좋아하고 학력을 위조한 명함까지 만들어 돌린다. 이런 사람들은 주변에서 종종 볼 수 있다.

솔직한 마음을 표현하는 것이 힘든 이유는 여기에도 있다. 자기 안에 너무 어린 아이가 있음을 자신이 너무 잘 알기 때문이다. 또 어린 아이인데 어른의 언어를 사용하려는 자신을 봐야 하는 일이 두렵고 무서워서 도망가고 싶기 때문이다.

한마디로 그동안 나름의 방법으로 저항하면서 살아온 것이다. 자존심이 상해서, 자신이 더 우월해야 한다는 이유로, 상하구조가 깨질까봐, 남들이 우습게 볼까봐… 등 이유도 다양하다. 이럴 때 '이게 뭐 어때서?' '우습게 보려면 그러라고 해'라고 자신에게 되물어보면 이 또한 익숙해져서 스스로에게 당당해질 수 있다.

마음이 편해지려면 솔직한 자기감정을 드러낼 수 있는 힘이 필요하다. 그러려면 평정심이 필요 덕목이다. 평정심이란 외부의 어떤 자극에도 동요되지 않고 항상 평안한 감정을 유지하는 마음을 말한다. 하지만 일상에서 예상치 않은 사고나 죽음, 자연재해를 접했을 때 평정심을 유지할 수 있을까? 쉽지 않은 일이다. 따라서 일상에서 평정심을 가지려고 조금씩 연습해야 한다.

'내가 가진 것을 다 버리면 어떻게 될까?' '내가 없는 삶은 어떻게 될까?'라는 질문을 곱씹다보면 자기 자신의 소중함으로 초점이 맞춰진다. 즉 상대방 비위를 맞추려고 '그렇게 애쓰지 않아도 된다'는 의미다. 스스로 괜찮은 '나'임을 찾아야 한다는 말이다. 타인을, 세상을, 자신을 지각하는 시각을 넓혀야 한다. 아무것도 할 수 없어 막막할 때, 막다른 골목이라고 느낄 때 우리는 수도 없이 출렁다리를 건너는 느낌으로 살아간다.

가다보면 멈춰 있는 것 같지만 어느 지점으로 나아가고 있음을 알게 된다. '나만이 퇴보되는 삶'을 사는 것도 아니고 '나만이 불안으로 가득 차고 열등으로 무장된' 사람도 아니다.

우리는 각자 주어진 주관적인 삶을 자신의 흔들리지 않는 신념에 따라 살아내려고 부단히도 노력할 뿐이다. 각자 자신의 삶 속에서 씨름하고 있음을 알려줘야 한다. '나만 그러는 것이 아님'

을 자각시켜줘야 한다.

　자신이 원치 않는 결과가 나왔을 때 그것은 누구 탓일까? 처음에는 내 탓인데, 이것이 반복되면 나중에는 브레인(뇌) 탓이 된다. 생각의 구조를 바꿔야 한다. 늘 같은 부정적인 사고와 타인과 비교하는 습관 등은 이미 뇌에서 학습된 구조로 작업한다. 비교하는 습관이 들어 자신도 모르게 비교한다면 먼저 '아, 내가 또 비교하고 있구나'를 자각해야 한다. '내가 왜 비교할까' '왜 이런 일들이 반복해서 벌어질까?' '나는 나의 어떤 부분을 놓치고 있는가?'에 대한 원인을 스스로 찾아보는 연습이 필요하다. 어쩌면 힘든 작업이 될 수 있지만 이것이 바로 사유적 통찰을 통한 '자기 찾기'다.

인생에서 필요하지 않은 경험은 없다
상처 없는 사람은 없다, 없다고 믿고 싶을 뿐이다
마음먹기에 따라 삶의 질이 달라진다
친구들은 잘나가는데 나만 뒤처지는 것 같다
행복이냐, 불행이냐? 내 선택에 달렸다
자책과 죄책감은 나를 바꾸지 못한다

4장

열심히 살다가 길을 잃은
당신을 응원합니다

> 인생에서 필요하지 않은
> 경험은 없다

마음을 여는 문고리는 밖에 있는 것이 아니라 내 쪽(안)에 있다. 그러니
내가 어떤 결정을 하느냐가 중요하다.

'자가치유'라는 면역력에 주목하자

인생이 중반을 넘어서니 보고 싶지 않아도 봐야 하고, 듣고 싶지
않아도 들리는 경우가 있다. 그것이 사람이든, 신문기사든, 소문이
든 상관없이 몰아쳐 올 때가 있다. 특히 사회적 관계 속에서는 벗
어나지 못하는 것들이 많다. 그나마 지역이 넓은 곳에서는 마주할
일이 적지만, 좁은 곳에서는 한 집만 건너면 다 아는 경우가 많다.
시골지역은 말할 것도 없다. 상처가 깊고 치유되지 않은 사람들은
그 대상이 유난히 강하게 인식된다.

"아침에 보지 말아야 할 것을 보았어요. ○○이 공공행사 심사평가위원회에서 사회를 본다는 기사였어요. 본인도 자랑하듯 그 사실을 밴드에 올렸더라고요. 끊임없이 자기 자랑을 하는 그 사람을 어떻게 해버리고 싶었어요. 5년 동안 그런 감정이 없었는데 갑자기 분노가 올라왔어요. 죽여버리고 싶을 정도였어요. 그 감정을 느끼면서 정신이 이상한 사람처럼 망상적이 되었어요. 그리고 극심한 질투심이 올라와서 접시를 싱크대에 던졌어요. 쨍그랑 소리가 났을 때 정신을 차렸죠. '미안하다'는 진심 어린 사과 한마디면 되는데 오히려 자신은 잘못한 것이 없다고 했어요."

감정이 혼란을 느끼는 이유는 무엇일까? 그 감정은 질투심, 원망, 분노, 애증, 그리움이었다. 사실 아무 일도 아닐 수 있는데 크게 느껴진 이유가 무엇일까? 그 답은 간단했다. 진심 어린 사과를 받지 못해서다. 분노는 대부분 '진심 어린 사과'를 받지 못해서 생긴다. 그깟 '미안하다'는 말이 뭐라고 인생 전체를 허비할 정도로 감정에 휩싸여 살까? 그것은 그 사람에게 그만큼 중요한 부분이기 때문에 어느 누구도 그 사람을 쉽게 말할 수 없다.

우리는 어떤 책, 드라마, 영화, 뉴스를 볼 때 자신이 꽂히는 단어와 글에 더 집중하게 되어 있다. 그래서 어떤 이에게는 아무것도 아닌 일이 어떤 이에게는 분노를 자극한다. 그러나 더 많이 아파서 치유를 받았다면 먼저 치유한 사람이 상대방을 너그럽게 받아줘야 한다. 치유한 경험에는 사람을 품어 안을 수 있는 힘이 들어 있다.

우리 안에는 그 누구도 가늠할 수 없는 잠재력이 있다. 그 잠재력 속에는 치유하는 능력, 원수라도 다시 마주할 용기가 있다. 그것은 경험을 통한 자가치유 면역력이 생성되었기 때문이다.

마음의 문고리는 내 안에 있다

30년 만에 연락이 닿은 사람과 각자의 방식으로 힘들었던 과거 일을 문자로 주고받았다. "지금까지 공부만 했어. 그래서 여러 가지로, 경제적으로 힘드네. 무슨 일을 해야 할지 고민이야"라고 문자를 보냈더니 상대방이 "욕심이 많아서 그래" 했다. 생뚱맞게 웬 욕심이래? 갑자기 화가 났다. 30년의 공백을 이해하지 못한 채 몇 분 동안 주고받은 문자를 가지고 욕심이 많아서 그렇다고 할 수 있을까? 순간 화가 난 사람이 상대방을 공격했다. "힘들다면서 야근 수당 많이 주니까 더 일하는 사람이 오히려 욕심이 많은 것 아냐?"라고 말이다.

'욕심'이라는 말을 상대방에게 한 이유는 무엇일까? 욕심이라는 말에 버럭 화가 난 이유는 무엇일까? 욕심이라는 말을 먼저 꺼낸 사람은 늘 자기 몫만 챙기고 손해 보는 일은 하지 않는 사람이었다. 그 사람에게 욕심이라는 단어는 주된 생활관념 같은 것이었다. 그리고 그 '욕심'에 화를 버럭 낸 사람은 돈이나 경제적인 부분이 아닌 배움에 대한 '욕심'이 들통난 것을 부정하려는 것이었다. 어찌 보면 각자 해결되지 않은 문제라고 할 수 있다. 이렇게 사소한 말 한마디가 자신에게 성찰 도구가 될 수 있다.

인간의 마음은 어느 정도로 연약할까? 누가 봐도 좋은 사람, 늘 배려하고 베푸는 사람이 있다. 그 사람은 다른 이에게 기대해 본 적이 없다. 그것은 그를 알고 있는 모든 사람이 공통적으로 하는 말이다. 하지만 그 사람에게도 연약한 부분은 있었다. 부탁을 잘 안 하는 사람이 갑작스레 부탁해야 하는 일이 생긴 것이다. 그래서 늘 자신을 돕겠다고 했던 소꿉친구에게 강의 자료 샘플을 하나 부탁했다. 경력이 30년이나 된 강사였으니 그리 어려운 부탁이 아니었는데도 그 친구는 거절했다.

그 과정에서 그는 자신의 연약하고 가냘픈 마음을 보았다. 나름 기대하고 의지했던 만큼 실망감도 컸다. 5년 전에도 자료를 부탁했는데 도움을 받지 못했다. 그때도 마음이 상했지만 그 친구가 워낙 바쁘니까 그럴 수 있다고 생각했다. 그런데 또 거절을 당하니 자주 연락하는 사이였는데도 그 친구를 차단할 정도로 마음이

상했다. 차단은 금방 풀었지만, 자주 연락은 하지 않게 되었다.

그동안 쌓인 우정보다 한순간의 실망감이 소꿉친구와 쌓아온 세월을 무너지게 했다. 부탁할 때는 충분히 거절당할 수 있다는 것을 기억해야 한다. 조금이라도 기대감이 있으면 그만큼 실망감도 크다. 그럴 마음의 자세가 되어 있지 않다면 부탁은 하지 않는 게 가장 좋다.

어떤 관계에서든 상대방을 존중하는 마음이 기본이며 중요한 요소다. 서로 존중하는 대상이 된다면 잘되기를 바라는 마음은 자동시스템처럼 작동하게 된다. 그러나 서로 대화할 때는 공감하는 것처럼 보였는데 막상 어려움이 닥쳤을 때 상대방이 보여주는 행동이나 배려의 마음을 보면서 '아, 나와 달랐구나' 하고 실망하게 된다. 이 또한 상대방의 태도나 마음 자세를 자기 편한 대로 이해하고 받아들였다는 것을 증명한다.

실망하는 마음은 왜 생길까? 자기 방식대로 상대방을 바라보기 때문이다. 자기 방식이 잘못되었다는 것을 알아차렸을 때 그 이후 관계는 훨씬 더 성장하게 된다. 그것은 한쪽만이 아닌 서로의 노력이 필요하다. 일방통행이 아닌 양방통행이라는 말이다. 마음을 여는 문고리는 밖에 있는 것이 아니라 내 쪽(안)에 있다. 그러니 내가 어떤 결정을 하느냐가 중요하다.

자기식으로 이해하는 사람들의 분노는 전혀 생각하지 않은 엉뚱한 곳에서 터진다. 이런 사람들은 늘 시한폭탄을 안고 살다보니 어디서 폭탄이 터질지 자기도 모른다. 폭탄은 언젠가는 터지게 되어 있으니 영문도 모르는 사람이 그 폭탄을 맞을 수도 있다. 고집스러운 생각, 틀을 깨지 않는 한 많은 사람과 반복된 갈등 속에서 관계를 차단하는 일이 빈번해진다.

그렇게 되지 않으려면 자신이 고집하는 부분이 무엇인지 탐색해야 하며, 자신에게 '왜'라는 질문을 계속 던져야 한다. '나는 왜 기대했을까?' '왜 내 부탁을 들어줄 거라고 생각했을까?' 등으로 마음의 움직임을 살펴야 한다. 처음에는 서툴고 어색하고 유치할 수 있겠지만 자신을 들여다보기를 두려워하지 않아야 한다. 누구나 처음부터 온전할 수 없기 때문이다. 또 그동안 삶의 패턴양식을 버리고 익숙하지 않은 삶을 선택하는 길목에서는 실수와 실패를 경험하는 것이 알에서 깨어난 병아리가 걸음마를 하는 것과 같기 때문이다. 알에서 깨어나서 먼저 하는 일은 적당한 거리두기, 적당한 거절을 배우는 것이다.

우리는 대화하면서 '상처'라는 단어를 흔히 사용한다. "상처는 왜 받을까?"라는 질문에 많은 전문가가 '나의 중심성 때문이다'라고 대답한다. 즉 자기 위주로 생각하고 받아들인다는 뜻이다. 사람들은 모두 자기중심적인 사고를 한다. 자기 사고가 긍정왜곡이 많은지 부정왜곡이 많은지, 공평성이 있는지 없는지에 따라 각자 지닌 상처의 크기도 다르다.

우리 내면에는 상황과 무관하게 끊임없이 일어나는 불안과 두려움, 죄책감, 분노, 열등감, 수치심, 인정욕구, 상호의존성 등과 같은 것이 있다. 이러한 것들을 건강하게 잘 성장시키지 못하면 성인이 되어서도 계속 부정적이든 긍정적이든 영향을 미치면서 상처를 줄 수 있다.

가족이나 지인은 꼭 내가 필요할 때 함께하지 못하는 상황이 많다. 그럴 때 가장 중요한 역할이 있다. 가까이에서나 멀리에서나 그 사람이 잘 살아갈 거라고 믿어주고 언제든 찾아오면 그 자리에서 '너를 기다리고 있었다'는 말과 함께 따뜻한 눈빛으로 바라보는 것이 무엇보다 큰 위로가 된다.

지금이라도 늦지 않았다. 그동안 서운한 마음이나 실망했던 마음은 내 것이었음을 인정하면 된다. 또 자신을 힘들게 하는 부모나 친구, 동료, 선후배, 연인이 있다면 이유를 따지지 말고 물 흐르듯 바라만 보자. 아무 일도 없었던 것처럼 자연스럽게 지나가는 걸 경험하게 될 것이다.

> 상처 없는 사람은 없다,
> 없다고 믿고 싶을 뿐이다

모든 것이 '나에게서 시작됨'을 인정하는 것은 억지스러운 일일 수 있다. 자신이 소화 가능한 부분만 인정하면서 성찰하면 된다.

상처받은 아이는 혼자 성장하지 못한다

"부모님이 매일 같이 싸우는 게 싫어서 고등학교 때 집을 나왔습니다. 유흥업소에서 아르바이트를 하면서 겨우 버텼어요. 스물한 살 때 술집에서 한 남자를 만났어요. 사랑한다는 말에 속아서 결혼까지 했지요. 그런데 일 년도 채 되지 않아서 남편이 외도를 했고 모아놓은 돈 2천만 원을 몽땅 가지고 나가버렸어요. 지금은 네 번째 만난 남자와 함께 살고 있어요. 경제적으로 여유롭지는 않지만 마음은 참 편합니다. 이렇게 50대가 되어보니 엄마를 왜 그렇게 싫어했나 싶어 괴롭기만 합니다. 그때 엄마는 왜 도망가지 않았을까요? '엄마처럼, 아빠처럼 살진 않을 거야'라는 다짐을 한 번도 잊은 적이 없습니다."

상처 없는 사람은 없다. 상처가 없다면 상처가 없다고 믿고 싶을 뿐이다. 우리가 상처받는 대상은 다양하다. 부모, 가족, 친구, 지인, 동료 등은 물론 사회문화적 요소도 포함된다. 가장 중요한 것은 잊지 못하는 상처로, 자기가 자신을 더 힘들게 한다는 사실이다. 어렸을 때 부모의 보호를 받지 못한 결핍으로 부모와 같은 삶을 살지 않겠다고 수없이 다짐했던 것들이 결국 자신을 과거에 머물게 했다. '과거'라는 장소에 발목이 잡히다보니 다른 사람들이 조금만 감정을 상하게 하면 욱하게 된다. 자신이 만들어놓은 구덩이에 자신이 빠지게 된 셈이다.

상처받은 아이는 스스로 성장하지 못한다. 아무도 부모를 선택할 수는 없다. 부모 또한 자녀를 선택할 수 없는 것과 같다. 상처도 내가 선택해서 받은 것이 있다면 선택하지 않았음에도 날아오는 상처를 피하지 못하는 경우도 있다. 자신을 후벼 파지 말아야 한다. 늘 자신을 성찰할 때는 '나로부터' 시작되는 문제를 찾아보는 것이 맞다. 그러나 모든 것이 '나로부터 시작됨'을 인정하는 것은 억지스러운 일일 수 있다. 자신이 소화 가능한 부분만 인정하면서 성찰하면 된다.

세상에 쉽게 태어난 사람은 없다. 엄마 배 속에서 10개월을 살다가 세상에 나오면서 새로운 세상을 맞이하는 설렘과 기대감이 아닌 불안과 두려움으로 삶을 시작해야 했는지도 모른다. 그렇게 맞이한 세상이 마냥 따뜻하거나 친절하지만은 않았을 것이다. 엄마 배 속의 체온 36.5도에서 살았던 아이가 배 속에서 탈출하자마자 맞이하는 세상의 온도는 26.5도다. 그것도 수술실에서는 그렇다. 만약 추운 겨울에 아주 가난한 집에서 태어났다면 어떠했을까? 혹은 더운 여름에 태어났다면 어떠했을까? 아이가 맞이하는 세상은 상황에 따라 달라질 것이다. 그러나 옆에서 축하해주는 '엄마'라는 사람, '아빠'라는 사람 그리고 함께 기뻐해주는 사람들 덕분에 세상에 태어나는 것이 축복이라고 착각할 수 있다. 그것이 착각일지라도 우리가 사랑받기 위해 태어난 것은 틀림없다.

고등학교 때 집을 나와서 열심히 살아보려고 한 그 마음을 봐야 한다. 힘든 상황이지만 '엄마처럼, 아빠처럼 살지는 않을 거야'라는 자신만의 의지가 삶을 살아내게 했다는 것을 기억해야 한다. 자신이 지닌 장점은 자신만의 것이다. 우리는 자기 아픔 때문에 자신에게 있는 귀한 보석을 보지 못할 때가 많다. 삶에 열정이 있었고 부모처럼 살지 않으리라는 다짐으로 꿋꿋하게 잘 살았음을 증명해주는 것은 현재 내 모습에서 뒤를 돌아볼 여유로움이 있다는 것이다. 자신에게 장점이 많다는 것을 인정하고 받아들이는 것도 능력이다. 그 능력을 키워서 지금부터는 자기 결핍을 독이라고 생각하지 말아야 한다. 그 결핍 때문에 원망하고 외롭고 공허함도 컸겠지만 그 결핍으로 단단해진 부분도 분명 있다.

지금부터는 '~처럼 되지 않을 거야'라는 생각은 강물에 흘려 보내자. 이것은 선택의 문제이지 강요하는 것은 아니다. 그 생각이 떠나지 않는다면 '지금 나는 참 잘하고 있어' '나는 점점 나아지고 있어'라는 말로 바꿔보면 훨씬 도움이 된다. 누구에게나 가슴에 피우지 못한 아름다운 마음이 있다. 그 아름다움을 꽃피워보자. 처음에는 어색하고 쑥스럽고 어렵게 느껴질 수 있지만 하나하나 하다보면 지금보다 훨씬 건강한 자신을 만나게 될 것이다. 그것 또한 자신에게는 귀한 자원이다.

아이들은 놀이를 통해서 세상을 배운다. 놀이는 외부에서 어떤 저항이 올 때 극복할 수 있는 능력과 의사소통의 매체가 된다. 소꿉놀이, 인형놀이, 역할놀이 등 다양한 놀이 활동을 통해 아이를 이해하고 그 아이의 정서, 인지, 행동적인 요소를 볼 수 있다. 그 속에서 기본적으로 인성 속에 포함되어 있는 도덕성을 점검하게 된다. 놀이와 창조적 사고를 통해 문제해결능력을 발달시킨다. 역할놀이를 하며 공감능력을 증진한다. 또 관계를 향상시킴으로써 다른 사람들과 친밀해지는 능력도 발달한다.

아이들의 정서는 도덕적 사고와 행동의 동기가 되며 인지는 옳고 그름에 대한 판단, 어떻게 행동해야 할지 생각하고 결정하는 기준이 된다. 삶의 불균형은 부모에게서 물려받은 유전적 질환이나 부모의 정서를 그대로 흡수하는 데서 온다.

스스로 인지해 옳고 그름을 구분하면 더할 나위 없이 좋겠지만 누구나 결핍을 안고 성장한다. 사람에 따라 부모가 없거나 부모 사랑이 부족해 자아존중감을 발달시키지 못했을 경우 또는 자기감정을 조절하지 못하는 좌절의 결과로 공격성이 드러난다. 또 강압적인 가정환경에서도 다른 사람들에게 소리치거나 위협하는 것을 학습하게 된다.

요즘에는 미디어에서 보여주는 공격적 행동을 관찰하면서 학습되는 경우가 늘어나는 추세다. 텔레비전 등 대중매체의 폭력적 행동이 아이들의 공격성에 많은 영향을 준다는 것은 사실이다. 이러한 것들을 보완하기 위해 아이들에게 공격적인 장난감보다는 정서적으로 안정감을 줄 수 있도록 해야 한다.

정서적 안정감은 어른이 되어서도 사물이나 사람을 바라보는 관점에서 긍정적 요소를 심어주고, 불가피할 경우 어떤 불운이 와도 그 가운데 좋은 기회를 발견하는 힘을 길러준다. 가정에서 공감적 배려를 보이는 것은 아이의 공격적 행동을 최소화하도록 해준다. 또 현재 느끼는 정서를 함께 느끼고 경험할 수 있는 공감 훈련에도 상당히 효과적이다.

자신을 너그럽게 용서하는 일도 필요하다

사람들은 필요에 따라 관계를 맺는다. 그 필요가 일적이냐 심리적이냐에 따라 다를 뿐이다. 일적인 사람은 일과 관련된 이들의 능력이나 인맥을 필요로 한다. 심리적인 사람은 그 사람이 얼마만큼 진실하게 사람을 대하느냐 또는 인간미와 인성을 갖추었느냐를 기준으로 인간적인 면을 필요로 한다.

전화 통화도 마찬가지다. 전화를 받자마자 "무슨 일 있니?" 하는 것은 어떤 용건 때문에 전화했는지 간접적으로 묻는 말이다. "그냥 네 생각나서 했어. 별일 없지?"라고 하면 "싱겁긴…" 하면서도 중간에 "그래서 혹시 무슨 도움이 필요하니?"라고 재차 묻게 되는 경우도 있다. 그만큼 우리는 필요에 따라 관계를 맺는 것이다. 안부만 묻는 것도 상대방 목소리와 근황이 궁금해서다. 그것이 자신과 무슨 관련이 있을까? 직접적으로 필요한 것은 아니지만 심리적 안정을 준다. 편안한 사람과 차 한잔하는 것과 같다.

의미 없는 대화를 쏟아내면서 기분전환을 하는 것도 그 사람이 내게 필요한 존재이기 때문이다. 수다라고 표현하지만 의미 없는 것은 하나도 없다. 전화 통화로 안부만 묻는 이유도 안부만 들었는데도 기분전환이 되기 때문이다. 안부 속에서는 잘 살아가는 모습과 곤경에서 살아낸 이야기, 다른 사람들 삶을 곁들여 듣게 된다. 그 속에서 간접 위로가 되고 삶의 에너지를 얻는다. 그렇기에 어느 것 하나 필요하지 않은 것은 없다.

사람들은 자신이 과거에서 배운 것을 삶에 적용하며 살아간다. 또 자기가 반복해서 경험했던 것을 통해 타인과 관계 맺는 방식을 형성한다. 즉 각 개인은 나름대로 선호하는 취향이 있다. '선호한다'는 말에는 자신의 상처, 결핍, 열등 같은 수많은 감정이 들어 있다. 만약 최근 사람에 대한 상처가 치유되기 전에 또 다른 사람에게 상처를 받았다면 그것은 두려움과 공포의 존재로 느껴질 수밖에 없다. 실제 그들은 그런 것이 아닌데도 자기 상처가 아물지 않아서 상대방의 행동이나 말에 예민하게 반응할 수 있다.

자신이 상대방에게 느끼는 감정을 다른 사람에게 이야기하는 경우가 있다. 이야기하고 나서 '아차, 실수했구나. 말하지 말았어야 하는데' 하며 후회한 적도 있을 것이다. 내 경험이 다른 사람에게도 똑같이 느껴지지 않을 텐데 괜한 오지랖인 경우도 있다. 그럴 때는 아직 상처가 아물지 않았기 때문이라고 자신을 너그럽게 용서하는 것도 필요하다. 자신을 토닥토닥해주는 것이다.

:)

공감하는 마음이 없다면 어떤 사람과 어떤 관계를 맺을 수 있을까? 자신 안에서 성숙하려면 폭넓은 사고와 긍정의 힘으로 이끌어나가는 것과 '나는 할 수 있어'라는 신념이 필요하다.

생각을 바꾸기가 왜 그리 힘들까

우리는 흔히 세상만사 마음먹기에 달렸다고 한다. 마음을 어떻게 먹느냐에 따라 삶의 질이 달라진다는 말이다. 모든 것은 오로지 마음이 지어내는 것임을 뜻하는 일체유심조(一切唯心造)와 같은 의미다. 다음은 인도 우화다.

"생쥐 한 마리가 늘 고양이를 무서워했다. 생쥐를 불쌍히 여긴 천사가 생쥐를 고양이로 만들어주었다. 그런데 고양이가 된 생쥐는 늘 개만 보면 벌벌 떨었다. 천사가 이번에는 개로 변신시켰

다. 그러자 개가 된 생쥐는 호랑이를 무서워하기 시작했다. 천사가
또 호의를 베풀어 호랑이로 만들어주었다. 호랑이까지 된 생쥐가
이번에는 사냥꾼을 두려워했다. 결국 천사는 다시 생쥐로 되돌렸
다. 비로소 천사는 진실을 깨쳤다. '내가 무엇을 해주든 생쥐 마음
을 그대로 갖고 있는 한 아무 도움이 안 되는구나.' 마음이 생쥐면
생쥐로 살 수밖에 없다."

　『장자(莊子)』「추수(秋水)편」에 물고기의 즐거움에 관해 토론
한 내용이 나온다. 장자가 혜자와 함께 호강 다리 위에서 노니는
데, 장자가 "피라미가 나와서 노는 모습이 여유롭다. 이것이 물고
기의 즐거움이다"라고 말하자, 혜자가 "당신은 물고기가 아닌데,
어찌 물고기의 즐거움을 알겠는가?"라고 했다. 장자가 "당신은 내
가 아닌데 어찌 내가 물고기의 즐거움을 모른다는 것을 아는가?"
라고 다시 묻자, 혜자는 "나는 당신이 아니니까 당신 뜻을 모르듯
이 당신은 물고기가 아니니까 물고기의 즐거움을 모르는 것이 맞
소"라고 말했다. 그러자 장자는 "청하건대 근본을 따져봅시다. 당
신이 말하기를 '당신(장자)은 물고기의 즐거움을 안다'고 말했는
데, 그것은 내가 물고기의 즐거움을 안다는 것을 이미 알면서 나
에게 물은 것이오. 나는 그것을 호강에서 알았소"라고 했다.
　진정한 앎이란 무엇인가? '모른다[不知]'다. 분별할 수 있는

지식적 차원을 벗어나 자신이 가지고 있는 마음의 짐을 덜어냄으로써 진정한 앎이 되는 것, 그것이 바로 '모른다'다. 이 대화에서는 자신의 논리에 스스로 묶이지 말라고 당부한다. 그 이유는 '인위의 즐거움'이 아니라 '무위의 즐거움'이 될 수 있기 때문이다.

어떤 사람은 빛 속에서 성장하고 어떤 사람은 그림자 속에서 성장한다. 어떤 사람은 빛보다 그림자 속에서 성장하기를 원한다. 이 모든 것은 어떠한 상황과 배경이 중요한 것이 아니라 어떤 상황에서 어떤 마음가짐을 하느냐에 따라 그 사람의 환경, 경제 수준 등 현실적인 부분은 달라지지 않지만, 마음의 평화는 천만금의 가치가 된다는 뜻이다.

사람들은 나더러 잘못했다고 한다

"선생님, 똑같은 꿈을 자주 꿔요. 전 남자 친구의 카카오톡 프로필 사진에 다른 여자 친구 사진이 올라와 있어요. 그것을 보는 저는 화가 나면서도 헤어진 이유가 제가 무언가를 잘못해서일 거라고 죄책감을 갖게 돼요. 꿈을 꾸는 시간은 대개 새벽 4시경이에요. 꿈을 꾸고 나면 우울해지면서 제가 믿지 못하게 한 이유가 무엇일지 생각하며 저 자신을 괴롭혀요."

이 사람은 40대 초반 여성이다. 5년 동안 남자 친구와 여러 번 헤어지고 만나기를 반복하다가 끝내 헤어졌다. 지금 헤어진 지 3년이 지났는데 이 여성은 아직도 남자 친구를 잊지 못하고 자기 잘못으로 헤어졌다고 생각해 후회하며 자신을 탓한다. 이는 남자 친구 프로필에 있는 다른 여자 친구 사진이 자신이기를 바라는 소원 충족이다. 또 자기가 잘못해서 헤어졌다고 인지하기 때문에 죄책감을 느끼는 것이다.

'내가 잘했으면 헤어지지 않았을 텐데….' 헤어지고 3년이 지난 지금도 하루 종일 이 생각이 떠나질 않는다고 한다. 새벽 4시쯤 꿈을 꾸는 것은 무슨 의미일까? 새벽 4시쯤 남자 친구에게 큰 상처를 받았기 때문이다. 남자 친구가 술을 먹고 와서 물건을 던지고 욕을 하고 억지로 성관계를 하게 했던 그 시간이 새벽 4시였다. 성폭행을 당하는 느낌이 들었다. 그때 그런 대접을 받았음에도 잊지 못하는 자신에 대한 수치심을 지우지 못하기 때문이다.

수치심을 덮으려고 남자 친구에 대한 사랑이 진실임을 증명하려고 한다. 자기 사랑은 순수하고 고결했다는 것을 말하고 싶었던 것이다. 꿈은 쉽게 하나의 의미로 분석할 수 없다. 꿈은 자신만이 정확히 알 수 있다. 그러나 자신이 자신만의 생각과 감정에 사로잡혀 있으면 제대로 꿈을 바라볼 수 없다. 잘못된 해석으로 자신을 더 궁지로 몰게 된다.

사기당한 것은 '난'데, 아픈 것도 '난'데, 사람들은 나더러 잘 못했다고 한다. '사람 때문'에 아프다는 사실이 더 아프게 한다. 사람 덕분에 웃고 사람 때문에 아프다. 사기당한 것은 '나'이고 아픈 것도 '나'다. 잊어야 하는 것도 아는데, 벌써 끝난 사이라는 것도 아는데 도저히 기운을 차리지 못하겠다. 세상물정을 모르는 것 같아 너무 바보 같아서 화가 난다. 자신에 대한 실망과 좌절감을 어떻게 극복해야 할지 도저히 방법을 모르겠다. 옆에서 아무리 말해줘도 들리지 않는다. 정신과에 가서 약을 처방받아보는 것도 좋겠다고 하는데, 병원까지 갈 힘도 없고 가기도 싫다.

하지만 어떤 경우라도 자책하거나 자신을 비난하지 말아야 한다. 자기 가치를 알아주지 않는 사람들 때문에 자신을 두 번 죽이지 말아야 한다.

우리는 어떤 상황에서 성장할 수 있을까? 성장하려면 생각, 관점 등을 바꿔야 한다. 자기 자신이 존재한다고 생각하며 살아왔는데 실상은 자기 자신 없이 살아가는 사람이 많다. 관계에서 상처를 받고 나서야 진짜 자기가 없었다는 것을 알게 된다. 그 뒤로 괴롭고 힘든 시간을 보내면서 그것이 타인에 대한 원망이 아님도 깨닫는다. 그것은 전적으로 자신이 용서가 안 되는 부분이다. 살면서 똑같은 경험을 반복할 수는 없다.

설령 똑같은 경험을 하더라도 받아들이는 것은 기질과 성격에 따라 차이가 있다. 그래서 공감하고 동감하기 어려울 수도 있다. 자신보다 더 객관화된 사람의 도움으로 객관화 작업을 할 뿐 결국 넘어진 자리에서 일어나야 하는 사람은 자기 자신이다.

대인관계가 어렵게 된 이유는 무엇일까? 공허함, 상처, 선택의 미숙함 등에서 오는 결과가 자신조차 감당할 수 없자 차라리 덮어버리고 아무렇지도 않은 듯 살다보니 마음의 병만 커진다. 사람은 자신의 성격에 책임을 지며 살아간다. 많은 사람이 그 책임감으로 더 힘들어지거나 피폐해지는 삶을 살기도 한다. 혹은 책임을 져야 하는 것과 그렇지 않은 것을 잘 구분해 삶을 편하게 살기도 한다. 여기엔 반드시 자기를 소중하게 여기는 능력이 필요하다. 이렇듯 성격은 다양하게 영향을 받고 다양하게 펼쳐진다.

성격과 관계 그리고 마음은 한 몸처럼 움직인다. 현실은 변함없이 변화하고, 환경과 상황에 따라 변하는 것은 인간의 마음이고 성격이다. 변하는 인간의 심리가 때로는 관계를 불편해지게 한다. 분명한 것은 영원한 것이 없음을 깨달아야 한다. 인간의 내면에서는 '자기'가 중심이다. '자기' 안에는 자신만의 고유하고 독특한 성격이 포함되어 있다. 그런데 공감하는 마음이 없다면 어떤 사람과 어떤 관계를 맺을 수 있을까? 자신 안에서 성숙하려면 폭넓은 사고와 긍정의 힘으로 이끌어나가는 것과 '나는 할 수 있어'라는 신념이 필요하다.

성격이 형성되는 시기에는 긍정적인 요소와 부정적인 요소를 모두 획득하게 된다. 긍정적인 요소를 부정적인 요소보다 상대적으로 많이 획득하는 경우를 '적절한 발달'이라고 본다. 적절하게 해결해 나가야 한다는 것은 자율성만 의미하지는 않는다. 아이와 갈등이 계속되거나 불만스러운 양상이 반복된다면, 자아 속에서 부정적 요소, 즉 불신, 수치, 의심 등으로 자신을 통합할 수 있으니 적절히 해결해나가는 것은 매우 중요하다.

> 친구들은 잘나가는데
> 나만 뒤처지는 것 같다

심리적 갈등이 정신을 지배하게 된다. 그래서 심리적으로도 정신적으로도 신체적으로도 건강하게 사는 방법은 타인을 보지 말고 자신의 것에 만족하며 사는 것이다.

나만 뒤처지는 것 같아 불안하다면

"학교 동창은 아니지만 20대 초반 사회에서 만난 친구들이 있어요. 다섯 명이서 항상 뭉쳐 다니다보니 '독수리 오형제'라는 모임도 만들었어요. 그런데 30대가 되니 각자 상황이 달라지더군요. 결혼한 친구, 유학 간 친구, 자영업으로 성공한 친구, 여행사를 여러 개 운영하면서 취미로 여행안내 책을 쓴 친구 등 나름대로 자리를 잡았어요. 저는 스물일곱 살 때 결혼했는데 아내가 다른 남자와 바람이 나서 집을 나갔어요.

결국 이혼했고, 아들과 둘이 살면서 겨우 살림을 꾸려가는 상황이 되었어요. 친구들과 술 한잔할 수 있는 형편이 안 되다 보니 더는 친구들을 만날 수 없었어요. 자존심도 상하고 제 처지가 창피하기도 했으니까요. 아들과 자살할 생각도 했지만 그래도 살아보려고 마음을 고쳐먹었어요. 그러나 현실은 너무 가혹하기만 했어요. 한 번 삶이 무너지니 일어서기가 정말 쉽지 않네요. 친구들은 승승장구한다는 문자를 보냅니다. 저는 점점 그 그룹에 있기가 힘드네요. 주변 사람들은 다 잘나가는 것 같은데, 저만 뒤처지는 것 같아 불안한 마음을 잡지 못하겠어요."

이런 불안은 특정인에게만 국한되는 것은 아니다. 많은 사람이 이런 불안을 느끼고 경험하면서 살았을 테고 지금도 그 불안을 안고 살아가는 사람들이 있다. 불안이란 무엇일까? 정확하게 무엇 때문인지는 몰라도 자기 삶이 위험에 가까이 있다고 느껴지는 것은 아닐까? 그것이 실존적 불안(정상적 불안)이 될 수도 있고, 도덕적 불안, 신경증적 불안이 될 수도 있다.

연예인들이 방송에서 마음속 얘기를 하면서 울었던 내용을 살펴보면 이렇다. "우리가 그룹으로 활동했잖아. 그 덕분에 우리가 유명해졌고. 그런데 이제는 각자 솔로로 활동하면서 ○○는 연기자로 잘나가고 있지. 그런 모습을 보면서 나만 뒤처지는 것 같아 불안해서 한동안 아무것도 할 수 없었어." 그러면서 이들이 서로 눈물을 흘리며 안아주는 장면을 여러 번 보았다.

　우리는 사회적 관계 속에서 살아가며 때로 힘들어한다. 그러면 사람들은 다른 사람과 비교하지 말라고 한다. 사실 비교할 것이 아닌데 말이다. 더 깊이 탐색해보면 '나만 왜 이러지'라는 생각에 사로잡혀 타인의 삶을 관망하면서 그들처럼 살지 못하는 자신이 무능하게 느껴질 수 있다. 열심히 살아도 제자리이거나 성과가 없다면 어떤 심리상태가 찾아올까? 무기력·무욕증·우울증·대인기피증 등의 현상이 나타날 수 있다. 그러한 이유로 힘들고 아프더라도 자신을 탐색해야 한다.

더디 가더라도 자신을 망가뜨리지 말자

심리적·정신적·신체적으로 건강하게 사는 방법은 다른 사람만 보지 않고 자기 것에 만족하며 사는 것이다. 하지만 그게 말처럼 쉽지 않기 때문에 불안이 올라오게 된다. 그럴 때마다 자신이 누리며 사는 것들을 헤아려보면 좋다. 공기, 물, 바람, 나무 등 무한대로 사용할 수 있는 것들이 너무 많다. 사소한 것에서도 감사함을 찾아보는 것이다. 그것마저 힘이 든다면 좋은 추억을 자주 기억해내는 방법도 있다.

"감사요? 좋은 추억요? 지금 장난합니까?"라고 묻는 사람도 있다. 사는 것은 장난이 아니다. 어쩌면 전쟁일 수 있다. 우리는 서로 다른 방향성과 목표를 가지고 각자 자리에서 치열하게 살아가고 있다. 그런 삶 속에서 여유를 갖기 위해 여행도 다니고 취미생활도 즐긴다. 또 다른 방법은 좋은 사람 곁에서 긍정 에너지를 받는 것이다. 그래야 '삶이 치열하지만은 않구나'를 인식하게 된다. 사고의 전환이 분명 필요하다. 그 또한 노력 없이 얻어지지는 않는다.

또 다른 좋은 방법은 자기가 잘하거나 그동안 하지 못했던 것을 시도해보는 것이다. 거기에는 분명 용기가 필요한 만큼 충분히 생동감 있고 신선한 자극이 될 수 있다. 이제는 불안이 올라올 때 억압해서 속으로 넣지 말고 색다른 용기로 현실의 불안을 이겨볼 생각을 하는 것은 어떨까?

주변 사람들은 다 잘나가는 것 같은데, 나만 뒤처지는 것 같아 불안한 마음을 잡지 못하는 사람이 있다면 먼저 다가가서 위로의 말을 건네거나 따뜻한 차 한잔 사줄 수 있는 마음을 나누는 것은 어떨까? 이 또한 치유 방법이 될 수 있다. 자기 가치는 다른 사람이 정하는 것이 아니라 내가 정하는 것임을 잊지 말자.

자기 삶을 살아간다는 것은 어떤 의미일까? 그것은 어떤 상황에서도 자기 길을 가는 것이다. 고통 없이 길은 만들어지지 않는다. 그래서 고통은 축복일 수 있다. 외상(外傷)은 그게 무엇이든 충격적이고 아픔으로 남는다. 특히 부모의 죽음은 더하다. 소중한 사람을 잃어버렸을 때 자신이 없어진 듯한 느낌으로 시간을 보내기도 한다. 술로 세월을 보내는 것과 같다. 이런 시간 속에서는 그 누구도 그 사람에게 아무것도 해줄 수 없다는 것을 안다. 이럴 때는 그냥 가만히 옆에 있어주면 된다. 그것만으로도 충분한 위로와 공감이 될 수 있다. 굳이 위로의 말을 찾으려 애쓰지 않아도 된다.

> 행복이냐, 불행이냐?
> 내 선택에 달렸다

누구든 상관없이 자신을 부정적인 사고와 감정으로 세뇌하려 하거나
죄책감이 들게 하는 사람은 일정한 경계를 지어 만나거나 그도 아니면
아예 만나지 않아도 된다.

헤어짐이 두려운 것은 외롭기 때문

"4년 전 5년을 사귄 여자 친구와 헤어졌어요. 아직도 마음이 아픈
데 어머니께서는 '그만 잊어라. 네가 울보냐, 아직까지 울고 있게.
그게 울 일이냐?' 하세요. 제 상처보다 어머니에 대한 미움이 커지
네요. 어머니 말씀이 틀린 것도 아니에요. 사귀는 5년 동안 열 번
은 넘게 헤어지고 만나기를 반복했어요. 나쁜 년인 것은 제가 더
잘 아는데 좋은 것이든 나쁜 것이든 학습이 된다는 게 참 무섭다
는 것을 배웠어요. 늘 '너는 멍청해서 나를 죽어도 못 따라와' '네
가 돈을 벌면 얼마나 버냐?' '너는 나 같은 사람 만나기 힘들어' 같

은 말은 듣기가 너무 괴로웠어요. 그것에서 벗어나려고 많이 노력하는데도 자꾸 자책하게 되네요. 제가 불행한 사람 같아요."

"울 일을 가지고 울어야지!" 이는 마음에 부정의 감정을 싹트게 하는 말이다. '언어'라고 표현하지 못하는 그것은 꽹과리 '소리'일 뿐이다. 울 일이 있고 울지 말아야 할 일이 있는 것은 아니다.

과거에서 벗어나지 못하고 자신을 불행하다고 믿어버리는 이유는 무엇일까?

"너는 나 없이 못 살아." "너처럼 상처 많은 사람을 누가 받아주냐?" "네가 떠나지 않는 이상 나는 널 떠나지 않을 거야." "나를 놓치면 네 인생은 완전히 비참해질 거야" 등으로 마치 자신이 없으면 안 되는 것처럼 한 사람의 소중한 인생을 좌지우지하는 사람이 있다. 마치 상대방의 약점을 사랑하는 것처럼 군림하려 한다. 상대방은 그런 말을 들으면서 오히려 수치심과 죄책감이 올라온다.

그러면서도 관계를 유지하는 이유는 무엇일까? 그 사람과 나는 진실로 안전하고 편안한 관계인가? 아니면 사랑하는 관계가 맞는가? 자기감정을 솔직하게 보는 데도 훈련이 필요하다. 그 감정이 긍정이든 부정이든, 불안이든 두려움이든 집착이든 상관없이 무엇 때문에 그 감정이 올라오는지 잘 탐색하는 연습이 중요하다.

또 그가 누구든 상관없이 자신을 세뇌하거나 죄책감이 들게 하는 사람은 일정한 경계를 짓고 만나거나 원치 않으면 굳이 만나지 않아도 된다. 반대로 우리는 그 누구에게도 자기 생각을 주입하거나 죄책감이 들게 하는 말을 하거나 행동을 하지 말아야 한다. '사람관계는 선택이다.' 이 말의 의미는 지금 만나는 사람과 계속 만날지를 선택하라는 것이다. 선택은 '끊어냄'이 아니다. 자칫 이를 '인연을 끊어라'는 말로 잘못 알아들을 수 있는데 전혀 그런 의미가 아니다.

우리 만남은 지속성이 있는 관계가 있고 일회성인 관계가 있으며 한 번도 만나지 못하는 관계도 있다. 사람관계는 흐름이다. 그러나 현재 내 옆에 있는 사람과의 관계는 선택일 수 있다. 그 선택 또한 흐름을 거역하지 않아야 한다.

사랑하는 연인과 헤어지는 것은 불행한 일이라고 여긴다. 그러나 누가 보아도 아닌 관계인데 붙잡는 사람도 있다. 자기 마음이 가장 중요하지만 스스로도 '그 사람은 아니에요'라고 말한다. 무엇이 그 사람을 놓지 못하고 두렵게 하는가? 대체로 공허함과 외로움을 견딜 수 없어서라고 한다. 하지만 그 사람과 만남을 지속한다고 한들 빈 가슴이 사랑으로 채워지겠는가? 그러한 만남으로 채워질 수 없음을 자신이 더 잘 안다.

그러한 헤어짐이 두려워 자신을 아프게 하지는 말아야 한다. 또 자신을 아프게 하는 사람을 계속 만날 이유가 있는지 스스로에게 물어봐야 한다. 어떤 이득을 취하기 위한 것인지 스스로 묻고 답해야 상황을 객관적으로 바라보는 힘이 생긴다.

헤어짐이 두려운 이유는 헤어지자고 해놓고 스스로 외로움을 이겨내지 못해 다시 그 사람을 찾을까봐 불안이 커지기 때문이다. 이것은 '나는 이 사람과 헤어지면 불안하고 불행해질 거야. 이 사람보다 더 좋은 사람을 만날 수 없어. 그래서 이 사람과 헤어지면 안 돼'라고 자기암시를 주는 것과 같다. 헤어질 때는 헤어진 것만이 명백한 사실이다. 그 이후 불안이 올라오는 것과 외로움에 죽을 것 같은 공포 등은 자신이 만들어낸 감정이다. 어쩌면 우리의 생각이 불행과 행복이라는 감정을 선택적으로 불러일으킨다는 것을 인정할 수 있는가?

진정한 행복은 무엇인가

우리 삶이 의식적으로만 살기에는 버거울 수 있다. 그래서 무의식 상태에 머물기 위해 자신이 했던 행동까지 의식하지 못한 채 명백한 거짓말을 마치 진실처럼 우기고 주장한다. 그러다보면 거짓말이 진실이 되어버리는 현실공간에서 살게 된다. 우리 행복의 기준은 주거환경, 소득, 일자리, 교육, 건강, 치안, 공동체 생활, 삶의 만족도, 일과 삶의 균형 등에서 어디에 있을까? 대부분 자신이 행복한 사람인지를 타인의 삶과 비교하면서 '행복하다'고 느끼는 강도가 약해진다. 스스로 만족하더라도 옆 사람과 비교하자마자 만족이 불평으로 바뀌는 데는 1초도 걸리지 않는다.

그렇다고 세상을 바라보는 시선이 비관적이어야 하는가? 그런 관점보다는 세상을 어떻게 극복하며 살아나갈지에 초점을 두고 자신이 처한 상황을 직시하는 것이 중요하다. 예전의 교육방식대로 성실하고 정직하게 땀 흘리는 만큼 성공한다는 조언을 하면 '구린내난다'고 한다. 또 '꼰대'라고도 한다. 꼰대를 싫어하는 사람들은 '나 때는 말이지~'라고 말하는 사람을 피하거나 커피숍에서조차 '라떼'는 주문하지 않을 정도란다.

최소한의 양심을 지녔는가? 얼마만큼 정의로운가? 얼마만큼 자신이 꼭 지켜야 하는 것을 지키며 흔들림 없이 신념을 유지하며 살고 있는가? 흔들림이 있더라도 지킬 의지가 자신 안에 있는가? 등 자신을 점검하는 것을 잊어버리면 수많은 관계 속에서 '자기 자리'는 점점 사라진다. 이는 '자신을 사랑하기'에서 점점 멀어진다는 말이다. 인간이라는 존재가 지구상에서 완전히 소멸될 때까지는 생명의 존귀함 속에서 자신에게 충실할 필요가 있다.

고대 스칸디나비아어 'Happ'에서 기원한 '행복'을 뜻하는 'Happiness'는 행운을 의미한다. 최고로 만족하는 순간 행복이라는 감정으로 자기 마음을 나타낸다. 행복이란 자기실현 상태를 의미하기도 한다. 어떻게 하면 우리는 행복하게 살 수 있을까? 각자 삶의 가치관, 생활양식, 교육방식 등에 따라 행복의 의미는 다양할 것이다. 어떤 사람은 쾌락에 중점을 둘 수 있고, 어떤 사람은 어느 정도 고통 속에 누릴 수 있는 기쁨을 행복이라고 볼 수 있다.

경제적 관점의 행복감은 일시적인 것이라서 행복이라고 하지 않는다. 심리적인 안정 상태에 따라 행복이라는 단어를 사용한다. '불행' 또한 한 개인이 느끼는 정서적 불쾌감 또는 삶의 불만족에서 시작된다. 그렇다면 행복과 불행은 누가 가져오는가? 바로 자신이다.

자책과 죄책감은
나를 바꾸지 못한다

> 인간의 결핍을 메우기 위해서는 양심에 따라야 한다. 무언가를 욕망하
> 는 것으로는 자기 결핍을 메울 수 없음을 알아야 한다.

자책하기 전에 동기를 먼저 보자

"저는 지금 스물두 살이에요. 열여덟 살 때부터 유흥업소에서 일했어요. 보통 한 달 수입이 800만 원 되었습니다. 다른 유흥업소보다 시설이 더 좋고 손님도 많아서 수입이 많은 편이었어요. 성매매까지 했는데 한 손님이 너무 까다로워서 저는 그 손님만 맡았어요. 피임약을 계속 복용했고, 급기야 간염에까지 걸려서 병원비를 충당하기 힘들었어요. 많은 약을 복용하면서 최근에는 간경화라는 진단을 받았어요. 죽으려고 여러 번 자살을 시도했어요. 임신했기 때문이에요.

상대방은 유부남에 재벌가 사장이에요. 3년을 만났는데 만날 때마다 하라는 대로 다했어요. 성관계를 할 때는 지저분하고 무섭기까지 했지만 거부할 수 없었어요. 유방 수술, 얼굴 성형수술 등도 하라고 해서 했고, 남자 친구가 있었는데 헤어지라고 해서 헤어졌어요. 집도 구해준다고 약속했는데 제가 임신한 뒤로는 연락이 되지 않았어요. 사장 딸이 저와 동갑이라는데 억울함이 불쑥불쑥 올라와요.

지금 저는 돈이 없어요. 유방 수술이 잘못되어 재수술도 해야 하는데 방법이 없어요. 카드 돌려막기를 해서 한 달에 800만 원에 가까운 카드값을 내야 해요. 그에게 돈을 해달라고 하니 협박한다고 저를 경찰에 고소한 상태예요. 제가 협박했기 때문에 판결에서 질 확률이 90%가 넘는대요. 벌금도 내야 할지 모른대요. 무섭고 억울해요. 부모님을 생각하면 죄책감이 들고 저 자신을 탓하게 되면서 살고 싶지 않아져요."

어디서부터 이야기를 풀어가야 할지 참 난감한 사례다. 너무 포괄적이어서 죄책감과 자신의 욕망에 대한 것으로 이야기를 풀어가려 한다. 죄책감을 느끼는 이유를 생각해본다. 우리는 보통 다른 사람들에게 상처를 주지 않았다고 믿었는데 상처를 주었다는 사실을 알게 되거나 자신이 확신하는 가치체계에 위배되는 행동을 했을 때 죄책감을 느낀다.

　이러한 죄책감은 특별한 경험이 아닌 우리 모두가 겪는 정상적인 경험 중 하나다. 그러나 반복적으로 자신을 정죄하거나 자책할 경우 자신에게 해를 입히게 된다. 여기서 자책은 자기연민, 자기비난, 자기학대 등을 포함한다.

　우리는 대부분 일의 결과가 좋을 때는 생각하지 않다가 결과가 좋지 않을 때 모든 문제를 자기 탓으로 돌리게 되며, 끊임없이 자신을 비난하고 비판한다. 이러한 자책은 다른 사람에게도 좋지 않은 결과를 가져온다. 자기비난은 원인을 남 탓으로 돌리기 일쑤이기 때문이다. 어떤 결과를 보기 이전에 동기(動機)를 보는 눈이 필요하다.

　나눔은 많이 가진 사람이 하는 경우가 많지만 당장 먹을 것이 없는 사람도 나눔을 한다. '콩 한 쪽도 나눠먹어야지'라는 말을 부모에게서 들으며 자랐다. 어릴 때는 콩 하나로 어떻게 나눠먹지 생각했지만 점점 성숙하면서 '콩 하나'가 결국 '마음 하나'였음을 알게 되었다. 나눔을 보고 배운 사람은 스스럼없이 나눈다. 진정한 나눔은 넘쳐서 주는 것이 아니라 상대방이 필요할 때 나눌 것이 없더라도 마음 하나 나누는 것이다. 그것이 바로 진정 아름다운 나눔이다.

양심의 갈등에서 오는 죄책감

모든 사람이 '자신에게 치명적인 해를 주는 사람과의 관계'에서 똑같은 행동을 할까? 그렇지 않다. 개인마다 기질적 요인과 성격에 따른 차이도 무시할 수 없다. 병을 앓는 것도 체질적 요인에 따라 다르다.

그러나 인간관계인 것을 알면서도 끊어내지 못하는 것은 누구의 선택이고 무엇 때문일까? 끊어내지 못하는 사랑과 증오 사이의 갈등에서 오는 불안 때문에 그렇다.

이러한 자신의 욕망을 채우려는 마음과 양심의 갈등에서 오는 것이 자신에겐 죄책감으로 다가온다. 즉 양가감정을 자주 느낀다면 불안과 죄책감의 강도는 높아진다. 이럴 경우 자신이 건강하지 않다는 사실을 자각해야 하며 오랜 시간 치료를 받아야 한다. 그러나 그것을 감당할 수 있다면 자아 자체가 건강하고 성숙하다고 볼 수 있다.

"꿈에서 그는 초콜릿 푸딩이 담긴 그릇을 가지고 엄마 옆에서 있었다. 그는 몹시 배가 고팠다. 그러나 그는 그 푸딩에 치명적인 독이 들어 있다는 것을 알고 있었다. 그는 만일 자신이 푸딩을 먹는다면 독 때문에 죽을 테고, 먹지 않는다면 굶어 죽을 것이라

고 느꼈다. 그는 푸딩을 먹었다. 너무 배가 고팠기 때문에 독이 든
젖을 먹은 것이다."

여기서 말하고자 하는 것은 굶어 죽기보다는 독이 든 푸딩이
라도 필요하다는 것이다. 어쩌면 위의 사례에서 나쁜 것을 알지만
선택해야 했던 이유는 나쁜 대상을 포기했을 때 자신의 일부분을
상실하는 것과 같은 고통이 올 것을 본능적으로 알았기 때문일 것
이다.

우리는 부모와 사랑을 주고 또 받고 싶은 욕구를 가지고 태어
난다. 그런데 이러한 욕구가 충족되지 않을 때는 대상에게 거절당
했다고 느낀다. 그래서 나쁜 대상이라도 놓치고 싶어하지 않는다.
이러한 경험이 반복되면 '관계중독'이라고 한다. 위 사례를 중독으
로 나열한다면 관계중독, 성형중독, 돈중독, 소비중독, 성중독 등
으로 말할 수 있다.

과연 중독은 무엇일까? 중독은 탐닉을 넘어선 심리적 의존과
생리적 의존 상태를 의미한다. 중독에는 기분 변화를 위해 물질에
의존하거나 특정 활동이나 사건에 의존하는 경향을 보이는 행위
(행동)중독이 있다. 행동뿐만 아니라 사고, 기억, 공상, 개념, 감정
상태 등에 관한 모든 것을 포함한다. 즉 인간 욕구의 자유를 제한
하는 강박적이고 습관적인 모든 행동을 말한다. 위에 언급한 것과

같이 중독은 욕구가 충족되지 않을 때, 사랑받지 못하는 존재라고 생각할 때 그러한 경험이 반복되는 것이다. 그래서 나쁜 대상이라도 있어서 자신의 존재를 인정해주면 그것이 병리적인데도 '온전하다'고 믿어버리는 반복패턴이다.

중독에서 오는 쾌락은 언제나 즐겁기만 할까? 아니다. 쾌락은 즐거움과 고통스러움이 함께한다는 이중성을 가지고 있다. 쾌락은 언제나 한계를 가지고 있으며 그 한계를 넘어섰을 때는 고통이 된다. 타인을 인정하지 않는 쾌락은 아돌프 히틀러와 같은 광기를 나타낼 수 있다.

그렇다면 우리는 자신의 욕망을 어떻게 제어하고 현실에 어떻게 적응해야 할까? 우리가 말하는 욕망은 모든 것을 채우려는 것, 즉 무언가를 소비하고 싶거나 필요 이상으로 갖고 싶어하는 마음 등이 아니라 순수욕망을 의미한다. 타인을 통해 자신의 결핍이 완전히 메워질 거라고 믿기 때문에 현실에서 그 대상(애인이나 가족 등)을 욕망한다. 그러한 대상에 대한 패턴양식은 결국 밑 빠진 독에 물 붓기와 같다.

결국 그런 욕망은 결코 메워질 수 없으며 결핍에서 오는 불안도 해결할 수 없다. 다른 사람을 통해 채우려는 욕망은 자기 것이 아니라 다른 사람 것이다. 이렇듯 자신의 욕망과 다른 사람의 욕망이 다르기 때문에 '소외'당함을 경험하게 된다.

인간은 자신의 결핍을 메우려면 양심에 따라야 한다. 무언가를 욕망하는 것으로는 자기 결핍을 메울 수 없다는 것을 알아야 한다. 결핍을 메우기 위한 자신의 선택이 바람직했는지를 점검해 보아야 한다. 바람직하다는 것의 기준은 양심에 둬야 한다. 그 양심은 선(善)에 따름을 명심해야 한다.

채움과 비움을 반복해야 그릇이 커진다
좋은 것을 좋다고 하는 것도 능력이다
내가 살아 있으니까 세상도 아름답다
죽음으로 떠난 이들, 잊으려고 애쓰지 말자
세상에 어쩔 수 없는 관계는 없다
오늘 노력하면 인생도 얼마든지 수선이 가능하다
사람에게 받은 상처는 사람으로 풀어야 한다

5장

채우려면 반드시
비워야 합니다

채움과 비움을 반복해야
그릇이 커진다

> 오늘이 어제보다 조금씩 나아지고 있음에 지금 이 순간 감사하고 있다.
> 그래서 어제보다 오늘이 더 좋은 날임을 믿는다. 비움이 없는 채움은
> '인간의 끝없는 욕심'을 의미한다. '어제'는 '채움'이 많았다면, '오늘'은
> '비움'이 삶을 자유롭게 함을 깨닫는 것이다.

'필요한 만큼만'

내 손에 무언가를 늘 움켜쥐고 있다면 손의 기능은 사라지고 만
다. 어쩌면 조금씩 소멸되는 기능을 느끼지도 못한 채 더 움켜쥐
고 있는지도 모른다. 그것이 바로 사람관계에서 오는 욕망이고 물
질에 대한 탐욕이다. 쌀을 한 줌 움켜쥔 뒤 어떻게 되는지 경험해
보자. 쌀은 손에서 조금씩 빠져나간다. 그래서 더 많이 움켜쥐려고
하지만 그럴수록 순식간에 빠져나가는 것을 경험하게 된다.

　　매 순간 소유와 존재를 생각한다. 우리는 존재하기 위해 최소
의 것을 취한다. '살기 위해' 사는 것이 아니라 '살아남기 위해' 견

디고 있는 듯하다. 우리는 어느 날부터 필요 이상의 것을 저축한다. 또는 '필요한 만큼만' 했을 때는 더 하지 않으려 한다. 때론 자기개발, 자기만족을 하기 위해 필요 이상의 것을 원하며 목표를 이루려고 노력한다. 그러면 그럴수록 이기심이 생긴다. 그 이기심 때문에 욕심이 생기고, 욕심 때문에 불균등이 생기면서 보이지 않는 경쟁의식이 자리 잡게 된다.

어쩌면 우리는 다시 '필요한 만큼만' 소유했던 시절로 돌아가야 하는지도 모른다. 채워지면 비워야 새로운 것을 채울 수 있는데 채우기만 하면 비우는 방법을 모른다. 채우기만 한다면 어떤 일이 벌어질까? 다른 사람과 함께 사는 법을 터득하기 힘들다. 또 타인과 관계에서 나눌 필요성도 느끼지 못한다. 여기서 타인에게 보여주기 위한 나눔은 다른 형태다.

일상생활에서도 채움과 비움은 무한히 반복된다. 김장철에 그해 김장김치를 넣으려면 남아 있는 김장김치를 다른 곳으로 옮겨야 한다. 계절에 맞는 옷을 입으려면 제때 옷장을 정리해야 한다. 새 옷을 샀을 때는 입지 않는 옷을 정리해야 하는 것과 같다. 우리 마음도 마찬가지다.

다른 사람들에게 보여주는 것을 좋아하는 사람들은 점점 늘어나고 있다. 예전에는 마음속으로만 '잘 보여야지. 밉보이면 득되는 게 하나도 없어'라고 생각했다면, 지금은 처음부터 대놓고 드러낸다. 다른 사람한테 잘 보여서 나쁠 것은 없지 않느냐는 말도 한다. 하지만 그것은 과시욕이다. 과시욕은 비교의식을 만들어낸다. 비교의식은 결국 불행의 출입문이 된다.

"아프리카의 한 마을에서 농사를 짓던 사람들이 화학비료를 사용해보았다. 이 비료를 사용한 땅에서 어마어마한 양의 곡식을 수확했다. 감탄한 농부들이 마을의 한 어르신에게 가서 '어르신, 백인들이 주고 간 이 가루를 썼더니, 수확량이 두 배나 늘어났습니다'라고 말했다. 이에 어르신은 '잘되었네, 친구들. 내년에는 농사를 반만 지어도 될 테니 말일세'라고 대답했다."

과연 그들은 내년에 농사를 반만 지었을까? '필요한 만큼'의 의미는 사람마다 기준이 다르다. 그러나 최소를 의미한다. 최소의 소유를 만족해본 경험이 없기 때문에 '필요한 만큼'의 추상적인 의미를 이해하기가 더 어려울 수 있다. 이것은 내게도 어려운 말이다. 그래서 어쩌면 아등바등 살아가는지도 모른다. 그러다보면 자칫 도덕성, 양심, 인간애 등을 놓치게 된다. 비움이 없는 채움은 인간의 끝없는 욕심을 의미한다. 그것은 욕심일 뿐 즐겁고 행복한 삶을 영위하는 것이 아닐 수 있다.

비움으로써 채움에 이른다

45년 만에 처음 여행해본 사람 이야기다. 그는 45년 동안 살면서 지금까지 자기 자신을 위해 한 것이 하나도 없었다. 결혼식만 했지 혼인신고를 하지 않은 채 남편에게 배신당하고 성병까지 옮아서 부인과 치료를 받아야 했다. 성병 때문에 불임판정을 받았다. 병원치료로 몇 년 동안 사회생활을 접어야 했다. 어느 누구한테 생활비를 지원받을 곳이 없었다. 죽을 만큼 아픔을 겪고 보니 헤어짐에 감사한 마음이 커졌다. 전에는 나에게 헤어짐은 곧 죽음이었다. 부모가 나를 버린 어린 시절의 경험으로 나는 다른 사람에 대한 믿음도 없지만, 한 번 마음을 주면 집착하게 되었다. 갖은 질병과 상처를 겪고 보니 억울함과 분노가 병을 더 악화시켰다.

그러나 감사하는 마음도 선택임을 알았다. 감사함은 누구한테나 느낄 수 있는 감정이 아니었다. 늘 자신이 우울하다고 느꼈다. 어쩌면 스스로 외상 후 스트레스가 생겼다고 믿어버린 것 같다. 살아온 삶을 돌아보니 늘 사람들에게 배신당하고 사업을 하면 망하거나, 보증을 잘못 서서 빚을 졌다. 결국 신용불량 딱지를 안고 살았다. 신용불량이 되고 나니 많은 부분에서 제약을 받았다.

45년 만에 처음으로 혼자 여행을 떠났다. 친구들에게서 잘다녀오라는 응원의 메시지를 받으며 감동했다. 그동안 살면서 나를 응원하는 사람이 없다고 믿었다. 어쩌면 그렇게 믿어버리고 살았는지도 모른다. 다른 사람들한테 연락을 받아야만 내가 다른 사람한테 관심을 받는다고 생각했다.

혼자만의 여행이 이렇게 좋은지 처음 느꼈다. 다른 사람 눈치 안 보고 예쁜 원피스를 입고 다녔다. 음식도 먹고 싶은 대로 먹었다. 이런 행복을 느껴본 적은 처음이었다. 어려서부터 보육원에서 자랐으니 부모와의 기억, 가족과의 좋은 추억은 없었다. 누가 나를 보육원에서 탈출시켜주길 기다렸지만 아무도 찾아오지 않았다. 남들에게 있는 '부모'가 없다는 것이 가끔 가슴을 너무 아프게 했다.

그 누구도 아닌 내가 자신에 대한 통제력을 잃어버려 자아가 소멸되고 없어지고 있다는 사실을 알게 되었다. 삶이 바닥으로 떨어지고 나서야 알게 되었다. 여러 번 죽음의 문턱에서 다른 사람 입을 통해 내가 누구인지 찾아내려고 했는데 결국 그것은 다른 사람이 찾아줄 수 있는 것이 아니었다. 그들은 나의 힘든 여정에서 통로가 되어줄 뿐이었다. 축복의 통로였지만 내 마음이 암흑일 때는 통로도 막힌 것으로 보였다.

45년 동안 자신을 속이며 살아왔다. 알고 보니 거짓 속에 사는 사람들이 많았다. 그들은 자신을 속이는 줄도 모르며 살았다. 자기 마음의 흐름을 알고 나니 스스로에 대한 통제감이 힘듦이 아니라 살아 있음을 느끼게 해주었다. 그들에게는 욕심이 많았다. 욕심은 조급함을 만들고, 사람을 조정하려는 힘이 점점 강해진다. 가짜의 배려로 다른 사람을 통제하려는 힘이 강하다.

그들은 이렇게 말한다. "지금은 그 어떤 것도 마음에 두지 않는다. 조금씩 나아지고 있음에 지금을 감사하고 있다. 어제보다 오늘이 더 좋은 날임을 믿는다. 다른 사람들에게 맞추려고 했던 거짓된 삶을 버리고 나니 홀가분하다. 지금은 애쓰는 삶을 살지 않는다. 애쓰는 삶은 커지는 두려움으로 나를 거짓의 도가니로 넣어버린다는 것을 너무 잘 안다. 물의 흐름을 거역할 수 없듯이 삶의 흐름을 역행하려 하지 않는다."

대체로 다른 사람들에게 자기 생각이나 주장을 주입하는 경우 자신 안의 치유되지 않은 상처, 열등감, 유아적 감정, 자기만의 아집 등으로 다른 사람을 조정하고 통제하려 한다. 행여 주변에 그런 사람이 있거나 자기 모습에서 자신이 볼 수 있다면 멈춰야 한다. '아, 내 모습이 그랬구나' '그 사람이 나를 통제하려 했구나' 라고 알아차려야 한다.

그런 다음 자기 목소리로 말해야 한다. 상황을 그대로 말하고 자신이 느끼는 감정을 그대로 표현하는 것이다. 연습이 되지 않으면 퉁명스럽게 말할 수 있다. 그것도 그대로 인정하면 된다. "제가 표현이 서투를 수 있으니 이해 부탁드립니다. 지금은 연습 중이니 다음부터는 더 나아질 겁니다"라고 말하면 된다. 습관이 된 언어나 행동을 수정하는 데는 엄청난 훈련이 필요하다. 한두 번 하고 나서 안 된다고 접어버리면 그것은 전혀 의미가 없다. 그런 마음을 우리는 '도둑놈 심보'라고 한다.

인간이 인간의 잘잘못을 판가름할 수는 없다. 그러니 옳고 그름을 판단해야 할 때는 전문가의 도움을 받는다. 실제적인 잘잘못이 아닌 경우 마음으로 움직이는 모든 것에는 옳음과 그름을 선택하는 것이 아니라 따뜻한 인간애를 선택하는 친절함을 발휘할 필요가 있다. 하지만 악(惡)을 숨긴 선(善)이 되어서는 안 된다.

좋은 것을 좋다고 하는 것도
능력이다

자기 신념을 바탕으로 사물을 바라보고 사람을 대한다. 그러다보면 놓치는 부분이 많다. 그 부분은 어떤 영향 때문에 사물을, 사람을 제대로 보지 못하는 것일까?

무엇을 어떤 마음으로 보는가

인간에게 기대감을 갖지 말아야 한다. 기대감은 자신에게 좌절과 헛된 욕망을 갖게 한다. 기대감이 생기면 의존하고 싶어하고 그와 동시에 불안이 올라온다. 그러면 그 불안을 통제하고 싶은 욕망이 솟아난다. 의존과 통제는 동전의 양면과 같다. 우리는 기본적으로 혼자 서는 연습을 해야 하고 혼자라도 괜찮다는 것을 알아야 하며 혼자 있어도 혼자가 아님을 알아야 한다.

　어느 누구를 막론하고 이유가 되지 않는 핑계가 너무나 많다. 그것이 자기합리화다. 그러한 핑계들이 자신의 하루를 망칠 수 있다. 이유가 있는 행복한 날을 보낼지 핑계가 많은 날을 보낼지는 자신이 선택할 몫이다. 핑계가 많은 날로 세월을 보냈다면 그것을 성장이라고 말하지 않는다. 자신이 변해야 한다. '변하고 싶다, 먹고 싶다, 사고 싶다, 입고 싶다, 놀고 싶다, 가고 싶다'처럼 '~ 하고 싶다' 등의 마음은 욕망이다. 자신이 꼭 변해야 한다는 마음도 욕망이니 그것은 내려놓아야 한다. 매일 자신을 돌아보고 타인과의 관계에서 배려와 감사함을 점검하다보면 어느새 내면이 성장했음을 느낄 수 있다. 그것이 '변화'다.

모든 것에는 유효기간이 있다. 사람과 관계에도 유효기간이 있다. 사람마다 유효기간이 다를 뿐이다. 결국 영원한 것은 없다. 암묵적인 유효기간도 있다. 가장 쉽게 이해하려면 음식을 생각하면 된다. 음식을 고를 때 제조일자가 최근인 것이나 유통기한이 많이 남은 것을 선택한다. 그 이유는 간단하다. 신선도 때문이다.

사람과의 관계에서 '나'의 유효기간은 어떠할까? 부모와 자식 간의 유효기간은 무한대라고 할지라도 아무리 붙잡고 발버둥쳐도 갈 인연은 가게 되어 있다. 그것은 부모와 자식 간에도 해당된다. 유효기간은 몇 시간부터 몇십 년까지 다양하다. 나는 또는 당신은 얼마 동안의 유효기간을 간직하고 있는가? 어떤 사람에게는 전혀 인연이 없고, 어떤 사람에게는 몇 시간, 어떤 사람에게는 몇 개월 등 개인의 가치기준, 정서적 수준에 따라 다를 것이다. 그 유효기간이 끝나면 더이상 관계지속은 없다. 설령 다시 만나지는 관계라도 그 이상의 관계는 될 수 없다.

　이미 끝난 관계가 다시 찾아오는 인연이라 할지라도 대부분 미련 없이 빨리 끝나는 경우가 많다. 조용히 끝나는 관계, 엄청 심란하게 끝나는 관계, 원수가 되어 끝나는 관계, 상처만 남기고 끝나는 관계 등 다양하다. 좋은 관계가 유효기간이 긴 편이다. 어쩌면 생사(生死)를 같이할 수도 있다. 이미 유효기간을 넘긴 관계라면 과감히 미련을 버려야 새로운 것을 받아들일 수 있다. 지금 유효기간이 남았다면 좋은 관계를 유지하라. 적어도 후회되지 않을 만큼 진실함으로 정성을 다하고 사랑하라. 유효기간이 있기에 관계에 연연하지 말아야 하는 이유가 될 것이다.

사람을 경계하는 이유는 나의 무엇 때문일까

사람과 관계를 통해 사랑과 열정, 따뜻한 정서를 배우는 반면 사람과 관계에서 이기심, 배신감 같은 감정도 배운다. 그런 삶의 여정 속에서 지금 나는 어떤 변화된 모습으로 어떤 사람들을 만나는지 질문해보게 된다. 특히 변화된 모습 중 사람을 경계하는 부분을 나열해보려 한다. 사람에 대한 경계가 없었던 사람이 사람을 경계한다는 것은 엄청난 두려움을 준다. 자신의 인지적인 부분, 행동적인 부분, 정서적인 부분 등 많은 세부적인 것에서 부정의 것들을 생각하고 냉철하게 바라본다는 것이 쉽지만은 않기 때문이다.

'나는 어떤 사람을 경계하는가?' '경계하는 이유는 무엇인가?'에 대해 몇 가지를 발견했다.

첫째, 존중하지 않는 사람이다. '편해서 그래요'라고 하면서 상대방에 대한 배려 없이 자기 맘대로 이용하고 군림하는 사람이다. 어떤 사람은 그 사람의 직위, 지연 관계에 따라 존중하기도 한다. 교수라고 하니까, 돈이 많다고 하니까, 사람에게 큰 영향을 준다고 하니까 존중하는 자세를 취하는 사람도 있다. 그것은 존중이 아닌 굽실거리는 태도다.

둘째, 배려하지 않는 사람이다. 배려는 몸에 배어 있지 않아도 몇 번은 할 수 있다. 또 마음의 여유에 따라 배려하는 척은 할 수 있다. 그러나 지속되는 관계에서는 자기 위주로 움직이는 사람들이 훨씬 많다.

셋째, 사업목적으로만 관계를 맺으려는 사람이다. 어떤 사람은 자기 사업에 유리한 사람과만 친분을 두텁게 쌓는다. 예를 들어 100억을 투자하는 사람, 10억을 투자하는 사람, 1억을 투자하는 사람이 있다고 해보자. 사업목적인 사람은 100억을 투자하는 사람에게 정성을 다한다. 1억을 투자하는 사람이 꼼꼼하게 질문하면 가볍게 대답해준다. 100억을 투자하는 사람과 전혀 다르게 대한다. 모임을 사업상 도구로 사용하는 사람도 있다. 모임 회원들 연락처를 알아두었다가 한 명씩 연락하고 만나면서 자기 일을 홍보한다. 때로는 모임에서 임원을 맡아 나중 일을 도모하며 접근하는 사람도 있다.

넷째, 이미지가 강하고 센 사람이다. 반대로 이미지가 부드러운 사람을 경계하는 사람도 있다. 이것은 자신의 상처 경험에 따라 다르다. 이미지가 강하고 센 사람에게 빈번하게 상처를 받고 갈등이 생겼다면 그런 유형을 경계하게 된다. 덩치가 크고 목소리가 큰 사람에게 상처를 받았다면 그런 유형을 만날 때마다 긴장하거나 아예 만남을 피한다. 또는 마른 체형에 이미지가 강하고 센 사람만 보면 경계하게 된다. 각자 상처가 다르기 때문이다.

살다보니 어떤 이유로 어떤 사람을 경계할 수밖에 없는 경우가 있지만 시간이 흐르면 내가 어떤 이유로 그 사람들을 경계했는지 잊고 살아가는 날이 오기도 한다. 사람들과 관계 안에서 어떤 일로 뜻하지 않은 상처를 받기도 하고 어떤 경우에는 의도적으로 상처를 주는 사람도 있다.

사람은 어쩌면 그런 다양한 과정 속에서 성장하지만 그것이 꼭 나쁘지만은 않다. 조심해서 나쁠 것도 없고 좋을 것도 없는 것처럼 인생은 늘 배움을 주는 현장이다. 다만 아프더라도 자신이 무너질 만큼 아파하지 말기를 권유하는 것뿐이다. 그 또한 자기 몫이다.

우리가 어떤 사람을 좋아하고 어떤 사람을 경계하고 어떤 사람을 싫어하든 그 모든 것을 희석하는 방법은 매 순간 자신을 사랑하는 것이다. 과거와 현재에서 자신을 어떻게 여기는지에 대한 자기 자신 느끼기, 자신을 무조건적으로 받아들이기, 자신에게 시간과 애정 주기, 자기주장하기로 자신을 사랑하는 체험을 해야 한다. 반복체험을 통해 굳이 다른 사람을 경계할 이유가 없음을 깨닫게 된다.

사실 사람을 좋아하고 싫어하고 경계하는 것은 참 힘든 일이다. 자기 실수를 있는 그대로 받아들이고 실수를 거울삼아 배운다. 자신이 저지르는 실수를 살펴보면 잘못된 판단, 악의 없는 거짓말, 잊어버림, 기회 놓침, 방종, 지나침, 에너지 낭비, 목표를 이루지 못함, 부족한 인내 등 다양하다.

인간만이 자신의 실수를 '자기 성장'의 도약으로 삼는 유일한 존재다. 사람을 경계하는 것은 자기 생각을 드러내지 않으려는 것이다. 자기가 생각하는 것을 밖으로 드러내면서 부정적 소리의 실체를 알아야 하며 긍정적이고 덜 비판적인 관심으로 자신을 대하는 연습이 필요하다.

또한 자신 안에서 비판하는 소리의 근원지를 찾아야 한다. 그것을 '자기고문'이라 표현하는데 자신을 앞에 놔두고 하고 싶은 비판이란 비판은 다 한 다음 바뀐 자기 모습을 살펴보는 훈련을 하다보면 사람과 관계에서 치우침이 줄어든다. 즉 자신의 모습이 거울이 되는 것이다. 자신을 제대로 바라볼 수 있는 용기가 있다면 관계의 치우침은 감소된다는 의미다.

'관계' 안에서 서로에게 상처 주는 일이 없길 바라는 마음이 과욕일까? 인위적이든 그렇지 않든 타인에게 상처를 주는 행위가 당장은 자신에게 합당할지 모르나 모든 것은 어떤 식으로든 되돌려받게 된다. 이것은 믿기 나름이다. '자신의 양심에 맡긴다'는 의미와 같다.

'별것 아닌 것'이 '별것'이라는 사실 또한 잊지 말아야 한다. 그것은 사람마다 다른 가치기준에서 오는 것이다. 내가 중요하게 생각하는 것이 타인에겐 전혀 중요하지 않을 수 있다는 것이다. 또한 사람의 성향에 따라서 주변 상황에 아랑곳하지 않는 경우가 있다. 거기에는 감정의 변화가 없는 경우도 있다. 기뻐하거나 슬퍼하거나 분노하거나 억울해하지 않는 평정의 상태일 수도 있고, 무관심일 수도 있다. 흔치 않은 일이지만 경우에 따라 무한히 내뿜어주는 사랑도 있다.

살아 있어서 아픔을 느끼는 것인데 '살아 있음'에 감사하기가 그렇게
어려운 일인가? 그렇다고 살아 있어서 행복을 느끼는 것에 감사하기가
그렇게 쉬운 일인가? 우리는 쉽거나 어려워서 잘 살거나 잘 살지 못하
는 것은 아니다.

살아 있으니까 아픔도 느낀다

"쉰아홉 살인 내게는 부모와 형 둘, 여동생 한 명이 있습니다. 청소
년기에는 엄청 불량하게 보냈어요. 고등학교도 마치지 않은 채 집
이 싫어서 뛰쳐나왔거든요.

그 뒤로 안 해본 일이 없을 정도로 갖은고생을 하고 모욕을
당하며 지금까지 살고 있습니다. 4년 전 아버지가 심장마비로 돌
아가셨다는 연락을 받았고 3년 전에는 알코올중독자였던 큰형과
여동생이 같은 해에 죽음을 맞이했어요. 여동생도 알코올중독인
줄은 몰랐기에 가족에게 너무 무관심했나 싶어 죄책감에 나 자신

에 대한 분노가 심해졌습니다. 그 뒤 잦은 병치레로 직장을 그만 두었어요. 여러 병원을 다녀봤지만 원인도 찾지 못하고 사지가 굳기 시작해 걷지도 못하게 되었습니다.

이 과정에서 자살을 시도했지만 실패했고 병원을 전전한 지 2년 만에 심한 우울증이라는 것을 알았어요. 정신과에서 우울증 약을 처방받아 먹은 뒤 거짓말처럼 몸이 멀쩡해졌지요. 우울증 약을 복용한 지 1년 되었고요. 결혼하지 않았기에 부양할 가족도 없습니다. 어머니는 자립심이 강해서 꿋꿋하게 혼자 잘 버티십니다. 순간순간 죽음을 생각하는데 3년 전 병원생활을 할 때부터 주변 사람들을 한 명씩 정리하기 시작해 지금은 연락처에 세 명만 남았어요. 전화가 올 일도, 문자나 톡이 올 일도 없지만 혹 연락이 오면 바로 삭제해버립니다.

아직 아버지도, 큰형도, 예뻐했던 여동생도 숨바꼭질하는 느낌이 듭니다. 언젠가 다시 내 앞에 나타날 것 같아요. 죽음을 받아들이고 싶지도 않고 인정하고 싶지도 않고요. 집을 뛰쳐나왔지만 저 또한 가족의 일원입니다. 제게도 아버지에 대한 좋은 기억이 있어요.

이 모든 것을 한순간에 어떻게 받아들여야 할까요? 요즘 우울증 약을 일주일씩 안 먹어보기도 했는데 그러면 여지없이 몸이 굳는 바람에 무서워서 다시 약을 먹습니다. 우울증 약을 복용한 뒤로 몸이 아프지 않아서 살아 있는 것에 감사하다는 마음으로 살고 있어요. 이렇게 내가 살아 있으니까 세상이 아름답다는 것을 알게 된 것도 채 1년이 되지 않습니다.”

청소년 시기에 부모에게 한 번도 반항을 안 한 사람이 있을까? 물론 있을 수도 있다. 이때 반항하지 않았다면 그 시기가 중년이 될지, 노년이 될지 모르지만 다양한 형태로 언젠가 한 번은 온다고 한다.

대부분 정도와 강도 차이가 있을 뿐 자신도 통제하지 못하는 감정과 생각으로 부모와 주변 사람들의 모든 말이 짜증나고 싫을 수도 있다. 그것이 진실이든 아니든 상관없다. 자기 입장에서 보았을 때 '충분히 그럴 수 있다'는 것은 안다. 청소년 시기에는 다양한 형태의 스트레스가 쌓인다. 학교생활, 친구관계, 학업문제, 가정환경, 외모, 수면부족, 불규칙한 식사, 부적절한 위생청결 등으로 인한 신체적 질병과 정신적 부적응을 일으킨다.

이러한 시기임에도 불구하고 우리는 가족 안에서 절제를 배운다. 그것이 흔히 청소년이 말하는 '꼰대, 잔소리' 같은 것이다. 그래서 못 견디면 튕겨나간다. 그것이 가출이다.

한순간의 잘못된 판단이 평생을 좌우하기도 한다. 부모의 사랑을 더 느끼고, 형제의 우애를 배워야 하는 시기에 사회에 나와 긍정적인 요소는 물론 부정적인 요소까지 경험한다. 정체성에 혼란을 겪게 되고 자기중심적 사고가 더 확대되거나 반항심과 자기애적 공격성, 허구적 환상 등 불안감을 스스로 떠안게 된다. 거기에서 오는 분노는 그대로 자신에게 또는 다른 사람에게 드러나게 되어 있다. 자기 잘못을 알고 다시 집으로 들어가기에는 너무 늦어버린 경우도 있다. 얼마나 안타까운 일인가? 그것은 자신만의 아픔이 아닌 가족 전체의 아픔이고 상처다.

어떤 사람이 이혼을 하고, 재혼을 하고, 삼혼을 할까? 요즘은 사혼도 흔하다고 한다. 이것은 관계중독으로 설명이 가능하다. 관계중독의 원인에는 상처 입은 마음, 어린 시절 각인된 행동, 역기능하는 가정 배경, 상실감, 은밀한 비밀과 수치심, 치유되지 않은 상처 등이 있다. 관계중독의 특징은 과도한 책임감, 억압의 지나친 자기방어, 유기에 대한 깊은 불안과 두려움, 희생정신, 성취감과 자존감, 강박과 충동, 불확실한 미래에 대한 불안, 스스로의 통제 등이다.

가족관계에서 억압된 분노, 성장기에 정서적 욕구 좌절, 치유되지 않은 상처, 자기만의 비밀 등 해소하지 못한 문제와 감정으로 인한 상처가 결국 관계에서 반복된 패턴으로 나타난다. 예를 들면, 아버지와 같은 사람을 만나지 않겠다고 수백 번 다짐했는데 계속해서 아버지와 같은 사람을 만나는 경우는 주변에서 흔히 볼 수 있다.

어떤 상황에서도 자기 자신이 중요하고 능력 있고 가치 있다고 믿어야 한다. 그것을 우리는 '자아존중감'이라고 한다. 자기 자신은 유능하고 가치 있다고 생각하는 것이다. 자아존중감은 개인의 사고, 정서, 태도, 가치관 형성에 큰 영향을 준다.

인간의 본래적 갈등과 깊은 불안을 이해하다보면 내면세계를 깊이 들여다보게 된다. 한 사람이 사용하는 언어나 표현하는 행동을 있는 그대로 충분히 존중해야 한다. 어떤 사람이 이상하게 보일지라도 그 자체로 충분히 존중할 필요가 있다. 개인이 살아온 삶을 다양한 각도와 관점에서 해석하는 과정에서 한 인간을 있는 그대로 마주해야 한다. 그러려면 자기 삶을 스스로 존중하는 마음을 갖는 것이 중요하다.

너무 아파서, 뭐라도 변명하고 싶어서

분노 감정은 때로 삶을 살아갈 수 있는 힘의 원천이 된다. 이 말을 부정하는 사람은 자신 안의 분노를 탐색해보라. 우리는 부정의 감정을 나쁜 것으로 치부하는 경향이 있다. 긍정의 감정만으로는 자신을 성장시킬 수 없을 뿐만 아니라 자신을 이해하거나 타인을 수용할 수도 없다. 살아가면서 긍정의 감정만으로 말하고 느껴야 할 이유가 있을까? 그 이유는 어디에도 없다.

부정의 감정이 자신을 다시 살게 동기부여를 할 수도 있다. 죽음을 받아들일 시간도 주지 않고 떠난 가족, 남겨진 가족의 아픔, 잘못을 말할 기회도 없이 가버린 가족에 대한 분노는 결국 자신을 향한 분노였다. 이런 경우를 어불성설(語不成說)이라 한다. 맞지도 않는 말로 우기는 것이지만, 이 또한 충분히 이해할 수 있다. 너무 아프니까, 뭐라도 변명하고 싶으니까, 그렇게 말해야 소리라도 치면서 울 수 있으니까.

사람들과 관계를 정리한 뒤 전화를 바로 끊어버리고 문자를 삭제하는 이유는 무엇일까? 우리는 삶과 죽음이라는 실존적 문제를 무의식 속에서도 마치 숙제처럼 간직하고 있다. 살아내기 위해 경제활동을 해야 하고, 직장동료들과 관계에서도 갈등을 일으키지 않으려 한다. 갑작스럽게 가족의 죽음을 맞을 경우의 두려움을 판도라 상자처럼 마음속에 가둬두고 있는지도 모른다.

떠난 가족의 유품을 정리하면서 미처 몰랐던 아버지의 빚, 알고 싶지 않았던 이복동생의 존재, 착하다고만 생각했던 동생의 복잡한 인간관계 등을 알 수 있다. 이런 것들은 누구 몫일까? 웰다잉 (Well-Dying)을 위해 유언장 쓰기와 수의를 입어보거나 관에 들어가 보는 체험이 유행했다. 웰 다잉은 잘 죽는 것만 의미하지는 않는다. 웰 다잉은 죽음을 건강하고 바르게 인식하고 삶의 소중함을 깨달으며 자신을 찾아가는 과정이다. 즉 의미 있고 뜻깊은 삶을 살아가는 것에 감사해야 하는 것이다.

죽기 전에 주변 정리를 하려는 것은 사랑하는 가족이 가슴 아프지 않기를 바라는 마음, 자신과 같은 아픔을 겪게 하고 싶지 않은 마음, 죽은 사람에 대한 미련을 남기고 싶지 않은 마음이 크기 때문이다. 살아 있어서 아픔을 느끼는 것에 감사하기가 어려운 일인가? 살아 있어서 행복을 느끼는 것에 감사하기가 쉬운 일인가? 우리는 쉽고 어려워서 잘 살지 못하는 것은 아니다.

그러나 실제 삶의 현장에서는 행복하지 못해서, 감사하지 못해서 삶이 어렵고 힘겹게 느껴지는 부분도 무시할 수 없다. 우리는 살아 있다는 것만으로도 자신에게 주어진 시간과 상황에 잘 대처하려고 노력해야 한다. 최선을 다하는 삶을 살아야 하는 까닭은 혼자만의 행복이 아닌 가족을 비롯해 사랑하는 사람들을 보호할 수 있기 때문이다.

죽음은 아무도 피할 수 없다. 살면서 언제 어디서든 누구나 경험하는 것이 죽음이다. 소크라테스는 죽음이 인간이 누릴 수 있는 최대 행복임을 아는 사람이 아무도 없는데, 죽음을 최대 불행으로 생각해 두려워하는 것은 무지를 드러내는 것일 뿐이므로 무지를 자각함으로써 죽음에 대한 공포를 넘어서야 한다고 했다. 실존의 불안은 정상적인 불안이다. 그 불안은 생존해서 자기 존재를 유지하고 표현하기 위한 욕구에서 생겨난다.

이러한 실존적 불안은 삶에서 필연적으로 겪는 것이다. 또한 삶과 죽음은 인간의 영역이 아니다. 지금 사랑하는 가족과 친구와 지인들과 함께 웃음을 나누며 살아가는 시간도 어쩌면 너무 짧은지도 모른다. 그래서 사랑도 용서도 이해도 못할 것이 없는 것 같다. 함께 있는 동안 마음껏 사랑하며 사는 것이 현명한 삶일 수 있다.

죽음으로 떠난 이들, 잊으려고 애쓰지 말자

누군가를 기억할 때, 때로는 헤어 나올 수 없이 깊이 빠져 있을 때, 자신의 어느 곳에 꽁꽁 묶어놓은 추억이 있을 때 물먹은 솜같이 무거운 아픔으로 기억하지 말아야 한다.

아픈 기억보다는 의미 있는 삶

"어머니 죽음이 왜 내 삶에서 '우리 어머니'라는 말만 들어도 괴롭고 아프게 하는지 모르겠어요. 어머니 빈자리는 시공간을 초월해 느낄 수 있어요. 어머니가 새벽에 일어나 밥하는 소리, 칼질하는 소리, 달그락달그락 설거지하는 소리, 가족이 잠에서 깰까봐 어두운 곳에서 바느질하는 모습, 아프면 열나는지 이마를 만져주는 고운 손길, 더워서 이불을 발로 차면 감기 걸릴까봐 이불을 덮어주는 손길, 아침을 꼬박꼬박 챙겨주는 사랑, 손빨래하는 물소리, 빨래 갤 때 탁탁 옷을 터는 소리, 목욕탕에서 등을 밀어주는 손, 어머니와 함께 걸었던 그 많은 길 등 어느 것 하나 어머니를 느끼지 않을 수 없습니다. 어머니를 기억하는 일이 너무 괴로워 아무리 잊으려 해도 잊히지 않아요.

어릴 때 기억나는 장면이 하나 있어요. 아버지는 알코올중독자였는데 술만 마시면 어머니를 빨래 패듯이 팼어요. 때리다 못해 '팬다'는 말이 맞는 표현일 만큼 아버지한테는 잔혹함이 있었지요. 어머니는 머리도 여러 번 깨져서 수술을 받기도 했고요. 어린 시절 아버지는 그렇게 무섭고 두려운 존재였습니다. 아버지의 폭력에서 어머니를 보호하지 못한 미안함이 크게 남아 있어요.

결국 어머니는 아버지의 폭력을 이기지 못하고 세상을 떠났지요. 불쌍한 어머니를 떠나보낸 지 8년 되었는데 피도 눈물도 없을 것 같았던 아버지가 요즘은 혼자 눈물을 훔칩니다. 자살시도도 두 번 했어요. 너무 밉지만 그 모습을 보면 아버지를 더 미워할 수 없어서 오히려 괴로워요.

그런 아버지를 두고 몇 달 후 결혼합니다. 아버지를 모시고 싶지만 시어른을 모셔야 하는 상황이라 어쩌지 못하는 현실에 마음이 더 힘들 뿐입니다. 계속 미워했으면 그나마 마음이 편했을 텐데…. 아버지는 지금에 와서 어머니한테 미안한 마음이 드는 것일까요?"

과거 기억은 현재 존재하는 것이 아니라 존재했던 것이고, 존재하는 것은 현재일 뿐이다. 시간이 흘러도 잊히지 않아 괴로운 것은 어머니의 고통이다. 지우려 애써도 지울 수 없어서 힘들다면 애써 지우려 하지 않아도 된다. 기억하면 힘이 드는가? 어머니의 고통이라고 기억되니까 그런 것이다. 그렇다면 어머니의 기쁨을 기억하자. 또는 자신이 느끼는 감정으로 기억하려고 하지 말아야 한다. 폭력의 피해자가 되면서 기뻐하는 사람은 아무도 없다.

그럼 어머니의 고통보다는 어머니의 고귀한 삶으로 기억하면 어떨까? 누군가를 기억할 때, 때로는 헤어 나올 수 없이 깊이 빠져 있을 때, 자신의 어느 곳에 꽁꽁 묶어놓은 추억이 있을 때 물 먹은 솜같이 무거운 아픔으로 기억하지 말아야 한다. 그것은 자신이 느끼는 감정일 뿐 당사자는 그걸 원치 않을 수 있다. 예를 들어 사랑하는 가족이 내가 죽은 다음 내 고통만 기억한다면 내 마음은 어떨지 생각해보면 간단해진다.

어머니의 빈자리 때문에 두려움과 외로움, 심지어 자살에 대한 공포가 엄습해올 때가 있다. 그러면 자꾸 뒤를 돌아보게 된다. 그럴 때는 그런 감정이 자신을 힘들게 한다는 것을 기억하면 된다. 기억과 동시에 '내 것'이 아니라는 것 또한 기억하면 된다. 그리고 기쁨, 행복, 즐거움, 사랑, 도전, 감사, 설렘, 살아 있음 등의 감정과 함께 생각하며 어느 쪽 감정을 선택할지 결정하면 그 감정은 몸에 그대로 기억된다.

우리에게 닥쳐오는 문제들 가운데 해결하지 못할 만큼 어려운 것은 거의 없다. 단지 자기만의 생각으로 해결하지 못할 뿐이다. 그래서 우리는 서로 의지하며 살아가는 것이다. 혼자만의 시간 속에서 애쓰지 말며 기억하고 싶을 경우 자기 방식이 아닌 그들이 기억되고 싶어하는 감정으로 기억하면 된다.

마음과 에너지가 방전되지 않도록 자기 돌보기를 해야 한다. 자기 돌보기를 하지 않으면 돌아가신 어머니의 감정과 동일시해 버릴지도 모른다. 어머니의 감정은 그게 아닐 수 있는데, 자신이 우울하고 지치고 힘드니까 '우리 어머니'도 그랬을 거라고 믿어버리는 것이다.

사람들은 때때로 해결되지 않은 사건이나 문제, 불편했던 과거 감정에 사로잡혀 살아간다. 또 철저히 현재에 몰입하며 사는 사람도 있다. 거기에는 그럴 만한 이유가 분명 있다. 아픔으로 기억하기보다는 의미 있는 삶으로 기억하면 자기 삶의 방식도 조금씩 방향을 바꿀 수 있다.

바꿀 수 없다고 믿거나 바뀌지 않는다고 하는 사람은 끊임없이 노력하지 않았거나 조금씩 변화하는 상황을 감지하지 못한 것이다. 두껍게 입고 있던 부정의 옷을 하나씩 벗고 긍정의 옷으로 갈아입는 일이 그리 쉽지만은 않다. 어색하고 시간이 많이 걸릴 수도 있다. 그럼에도 포기하지 않도록 끊임없이 훈련해야 한다. 살다보면 이런 과정은 적어도 한 번은 거쳐 가야 한다. 좀더 길게 마음먹고 버티다보면 그만큼 자유로움은 빨리 찾아온다.

버려지는 것이 두려워 더 강하게 살았다

"저는 어릴 때 부모님 사랑을 받지 못해 사랑이 뭔지 잘 몰랐어요. 어느 날 친구 집에 놀러 갔는데, 우리 집과 달리 분위기가 너무 좋아서 이런 집에서 살면 행복할 것 같았어요. 그래서 친구 소개로 친구 오빠와 결혼했어요.

그런데 막상 결혼해서 살다보니 너무 힘들었어요. 밥도 같은 상에서 먹어본 적이 없을 정도였어요. 친구는 자기 오빠가 도박한다는 것까지 숨기면서 일부러 행복하게 보이려고 연극한 거라고 했어요. 친구 태도도 360도 달라져 배신감까지 느꼈어요. 남편은 쌍둥이인데 성격이 좋은 다른 쌍둥이는 결혼해서 잘살고 있다는 사실을 결혼한 뒤에야 알았어요.

하지만 이혼하면 버려질 거라는 두려움 때문에 한 번도 남편한테 짜증을 내지 않았어요. 그리고 그 짜증을 아이들에게 엄청 큰 소리로 욕을 하거나 술과 담배를 하는 것으로 풀었어요. 한번은 담배를 피우다 남편에게 들켰는데, 남편이 담배를 끊지 않으면 이혼하겠다는 말에 엄청 충격을 받았어요. 담배를 끊으려고 했지만 너무 힘들어서 몰래 피웠고요. 살이 찌고 몸이 여기저기 아프면서 자궁적출수술과 맹장수술, 위절제술까지 받았어요. 그럼에도 가족을 위해 고생하는 남편을 생각해 남편 비위를 건드리지 않으려고 많이 노력하고 있어요. 그런 남편이 옆에 있는 것만으로도 행복하니까요."

생활력이 강한 여성은 어쩌면 스스로 생활력이 강하다고 믿는 것인지도 모른다. 태어날 때부터 생활력이 강하게 태어나는 사람은 없다. 이 세상에 태어났을 때 모든 아기는 어머니 방식대로 양육되며 부모 자식 관계를 유지하기 위해 노력한다. 그럼에도 미성숙한 어머니에게서 관계 욕구가 좌절되면 불안정을 느낀다. 또는 자아중심성이 강한 어머니일 경우 분별없는 양육행동을 함으로써 자녀에게 부정적 영향을 준다. 이렇듯 개인의 삶의 질을 결정하는 중요한 인간관계는 어머니와의 관계에서 시작된다.

우리는 어느 누구의 자녀도 되고, 어느 누구의 부모도 된다. 또 어느 누구의 시부모가 되기도 한다. 부모라고 해서 아이들에게 항상 좋은 환경만 제공할 수는 없다. 모든 것이 순조롭다면 아이는 좌절 경험을 배울 기회가 박탈된다. 반대로 모든 것이 충족되는 경험은 또 다른 삶의 불편함 또는 장애가 될 수 있다. 적절한 좌절이 아닌 적절함을 넘어선 좌절은 자신 스스로를 생활력이 강한 사람으로 만들어버린다.

그러나 살다보면 내 뜻대로 되지 않는 것을 알게 된다. 인간은 왜 다른 인간을 속일까? 왜 한 사람의 인생을 무자비하게 소유하려고 할까? 개인마다 생활양식이 다르다. 부모가 다 다름과 같이 그 부모에 부모의 생활양식 또한 다르다. 우리가 어떤 뿌리에서 자신의 정서가 시작되었는지를 탐색할 수 있다면 삶을 살아내기 위해서 반복되는 엄청난 좌절을 스스로 '이 정도쯤이야'라며 끊어낼 수도 있다.

자신을 아프게 한 사람 덕분에 아픔이란 것을 경험하게 되었고 상처라는 것을 보았지만 좀더 성숙한 사람이 되어가는 것은 사실이다. 때문인지, 덕분인지 그 또한 자기 선택이었을 것이다.

이런 사람은 가까이하지 말자

"네가 그렇게만 하지 않았어도 최소한 내가 이러지는 않았을
 거 아냐?"

"너만 아니었다면 나는 지금 떵떵거리며 살 텐데!"

"내가 너한테 잘못했다고 말했니? 너 스스로 느끼는 거잖아."

"너만 아프냐? 네가 우물을 팠잖아. 네 상처는 네가 알아서
 해. 난 평정심을 찾았으니까."

"야, 네 부모가 너를 이렇게 키웠냐? 나는 너처럼 살지 않아."

"내가 그렇게 하라고 했니? 네가 좋다고 매달려놓고 이제 와

서 왜 나한테 그래?"

"다 너 잘되라고 했지 나 잘되라고 한 거냐? 네가 부족한 게
내 탓이냐?"

"네가 줏대가 없으니까 남의 말만 듣고 행동한 거 아냐?"

"네가 나한테 못하니까 내가 다른 사람 만나는 거지. 거기에
대해 할 말 있으면 해봐."

"너는 나 없으면 아무것도 못하잖아. 나처럼 너를 생각하는
사람이 어디 있니? 내 말만 들어."

"네가 잘난 줄 알지만 밖에 나가봐. 너 같은 애는 널렸어."

"나는 너를 믿었는데, 아무리 날 위한 거라고 하지만 이제는
너를 못 믿겠어."

"성병이 나한테 옮았는지 어떻게 아니? 혹시 너 이성관계 깨
끗하니?"

"나 때문에 속병 났다고 하는데, 너 원래 약골이잖아."

"너 하나 믿고 사는데, 네가 이렇게 정신 못 차리면 나는 어떻
게 하라고?"

"학원을 그렇게 많이 다니는데 점수가 이게 뭐냐?"

이 말 가운데는 흔히 듣거나 무심결에 사용한 것들도 있을 것
이다. 사람들은 대개 "내가 다른 사람에게서 이런 말을 들었는데

너무 화가 나"라고 호소한다. 자존심이 상하고 존재를 무시당하는 것 같아 잠을 못 자는 사람도 많다. '감히 나에게 어떻게 이런 말을 할 수 있지?' 하는 억울함과 분노에 뜬눈으로 밤을 지새우는 경우도 있다.

때로는 "맞아, 나란 인간은 원래 그랬어. 그래서 만나는 사람마다 나를 버리고 떠나는 건가봐" 하며 잘못된 사고로 옮겨가기도 한다. 이렇게 자존감을 떨어뜨리는 말은 다른 사람들이 듣기 전에 자신이 가장 먼저 듣는 법이다. 그래서 말이 주는 책임도 자신에게 있음을 알아야 한다.

억울함이든 분노든 자책이든 자신을 힘들게 한다는 점에서는 모두 같다. 자기 자신에게 화살을 자주 쏜 사람들은 '맞아, 내 잘못이야'라는 패턴에 익숙해 있다. 과연 그것이 맞는 생각일까? 맞고 틀리다는 개념보다 과연 그런 생각이 자신을 사랑하는 방법이었을까를 생각해보자. 아니다. 그것은 절대 자신을 사랑하는 방법이 아니다. 어떠한 경우에도 자신을 아프게 해서는 안 된다. 나만큼 소중한 사람은 없기 때문이다. 내가 있어야 세상이 존재하기 때문이다.

"운전하다가 쏟아지는 눈물을 어쩌지 못해 울면서 운전한 적이 많았어요. 그 사람 때문에 너무 힘들어서요. 너무 좋아하고 믿었기 때문에 아픔이 더 컸어요. 나름 잘 살아간다고 믿었는데 그 세월이 나를 방망이로 계속 때리는 것처럼 아파서, 너무 아파서 엉엉 울었어요. 혼자 우는 내 모습이 너무 서러워 이해해줄 누군가에게 전화해서 계속 울었어요. 그 사람을 생각하면 미안하고 죄책감이 많이 들었어요.

그 사람은 일이 잘못되면 제가 나약해서 그렇다고 했어요. 그리고 저를 생각해주는 사람이 자기밖에 없다고 했어요. 결국 그 사람만큼 저를 이용하고 자기 이익만 챙긴 사람은 없어요. 항상 입버릇처럼 '나는 돈 필요하지 않아. 돈에 관심 없어. 나 욕심 없는 거 너도 잘 알잖아' 했지만 사실 탐욕이 많은 사람이란 걸 나중에 알게 되었어요. '인간의 탈을 쓴 악마'가 있을 수 있다는 것을 알았지요. 그런 아픈 시간이 저 자신을 성장하게 했어요."

자신을 아프게 한 사람 덕분에 아픔이란 것을 경험하게 되었고 상처라는 것을 보았지만 좀더 성숙한 사람이 되어가는 것은 사실이다. 때문인지, 덕분인지 그 또한 자기 선택이었을 것이다. 어쩌면 더 상처받지 않으려는 몸부림이 '덕분에'라는 단어를 선택했는지도 모른다.

앞차와 거리가 멀수록 안전해진다

고속도로를 달리다보면 이런 현수막을 볼 수 있다. "앞차와 거리가 멀어질수록 나의 안전은 가까워진다." 이를 보면서 "와, 정답이다" 하며 감탄을 했다. 생활의 모든 부분에 그 어떤 것이라도 버릴 게 없고 삶의 진리가 된다. 이렇게 진리는 단순하다. 우리는 수많은 사람과 말을 주고받으며 관계를 맺는다. 그러나 내가 싫은 관계는 하지 않아도 된다. 물론 공적인 관계는 예외일 수 있다.

어떤 사람들은 이렇게 말한다. "어쩔 수 없잖아." 세상에는 어쩔 수 없는 상황은 있을지 모르지만 어쩔 수 없는 관계는 없다. 자신의 힘듦을 감수하면서까지 관계를 유지해야 한다면 그 이유는 분명 있을 것이다. 그 이유가 자신을 아프게 하거나 감정을 참아야 하는 관계라면 백 번이라도 다시 생각해봐야 한다.

인간은 서로 관계 속에서 성장한다. 물론 독단적이고 잔인한 인간도 있다. 그런 인간을 독종이라고 한다. 인간은 어디까지 잔인하고 얼마나 이기적일까? 그 실례는 전쟁터에서나 포로를 고문하는 현장에서는 물론 교묘한 방법으로 마음을 난도질하는 상황까지 무궁무진하다.

자기 힘으로 해결하지 못하는 일이 더러 있다. 인맥을 이용해야 하고, 갑과 을의 관계를 살펴야 하고, 부와 사회적 위치를 따져야 하는 경우는 많다. 설령 그렇다 하더라도 자신이 잘못하지 않은 부분까지 감당하려고 하지는 않기를 바란다. 그러려면 자신 안에 강직함이 있어야 한다. 강직함을 갖기 어려운 이들은 착한 사람들이다.

착한 사람들은 자신이 억울하거나 불공평한 일을 당했는데도 따지는 것이 부질없다고 생각한다. 여기서 그들 마음을 탐색해본다. 정말 부질없다고 생각해서 그런 일이 있을 때 접어버렸을까? 아니다. 접어버리다보니 억울함과 분노가 안에 그대로 쌓여있는 것이다. 그런데 왜 접어버려야 했을까?

첫째, 싸워서 이길 수 없다고 생각했기 때문이다. 둘째, 이긴다고 한들 자신에게 남는 것이 통쾌가 아닌 불편함이 크기 때문이다. 셋째, 일을 해결하는 과정이 복잡하거나 시간이 걸리기 때문이다. 즉 내면에 게으름이 있기 때문이다. 그 게으름은 진짜 게으름이 아닌 무기력 같은 것이다. 넷째, 그렇게 한다고 한들 그들은 절대 변하지 않고 눈 하나 깜박하지 않기 때문이다. 다섯째, 바위에 계란 던지기라는 선입견이 있기 때문이다.

착한 사람들의 분노는 전혀 생각하지 않은 엉뚱한 곳에서 터진다. 늘 시한폭탄을 안고 살다보니 어디서 폭탄이 터질지 자신도 모른다. 폭탄은 언젠가는 터지게 되어 있고, 영문도 모르는 사람이 그 폭탄을 맞는다면 자책하는 마음이 더 커질 것이다. 결국 많은 이유가 있더라도 싸워야 할 것은 끝까지 싸워야 한다.

처음에는 서툴고 어색하고 유치할 수 있겠지만 두려워하지 않아도 된다. 우리는 처음부터 온전할 수 없기 때문이다. 또 그동안 삶의 패턴양식을 버리고 익숙하지 않은 길을 선택하는 길목에서 실수와 실패를 경험하는 것은 병아리가 걸음마를 하는 것과 같기 때문이다.

> 오늘 노력하면 인생도
> 얼마든지 수선이 가능하다　ｼ‥　ｼ‥
> 　　　　　　　　　　　　　　　　′′′－′′′

인생도 수선이 가능하다. 단 수선하고 싶은지 아니면 버리고 싶은지 결
정은 자기가 하는 것이다. 수선해서 다른 모습으로 탈바꿈한다면 '진짜
나'로 살 수 있다.

부정적인 감정에서 오는 생각의 늪

"옆집 아주머니가 그러는데 100평짜리 집으로 이사한대요."

"앞집 남편이 과장으로 승진했대요. 그래서 차도 바꿨다고 하

는데 괜히 화가 나요."

"남편 회사에서 아내 생일이라고 꽃바구니를 보내왔대요."

"나는 꾸준히 공부해왔고 열심히 일했는데 나만 지방으로 발

령났어요."

"친구는 생각하는 것도 마음 씀씀이도 넓은 것 같은데 나는

그 친구에 비해 멀었어요."

"엄마는 왜 항상 형과 저를 차별하세요? 내가 형보다 못하는
게 뭐가 있어요?"

"결혼 전에 많은 사람과 사귀고 나서 결혼하니 좋겠다."

"우리 아들은 이번에 서울대에 합격했어. 자기네 딸은 어느
대학에 합격했어?"

우리의 불행은 다른 사람과의 비교, 부러움에서 시작된다. 비
교를 하다보면 자기 결점이 더 크게 보이고 자신이 가치 없는 존
재라고까지 생각하게 된다. 이러한 형태는 주변에서 흔히 볼 수
있다. 자신의 어려움을 강조하거나 우월감을 보여주기 위해 다른
사람의 업적을 낮게 평가한다. 자만, 허풍, 거만, 자기자랑 등으로
열등감을 보상하려 한다.

또 다른 형태는 사람들에 대한 방어, 두려움, 의심, 폐쇄, 소심
함, 주저함 등의 행동 양상으로 나타난다. 소극적인 열등감은 피해
의식을 느끼게 하고 자신이 불행하다고 인식하게 한다. 주변 사람
들에게 면박당했다고 생각해서 매사에 적극적이지 못하고 책임을
회피한다. 그들은 실패 원인을 타인이나 환경 문제로 전가하는 경
향이 있다. 남들 앞에 나서기보다는 숨으려 하고 수동적이며 은둔
적인 성향과 사람에 대한 공포심이 있다.

생각의 늪에 빠져 허우적거리는 사람을 종종 볼 수 있다. 시

험에 떨어진 일, 애인과 헤어진 일, 당첨되지 못한 일, 분양사기를 당한 일, 배신당한 일, 이혼하고 재혼한 일, 자식을 먼저 저세상으로 보낸 일, 남편의 자살 등 다양한 이유로 과거 생각 속에서 빠져나오지 못하는 사람들이 의외로 많다. 그들에게는 공통적으로 아픔이 있다.

그러나 이제는 스스로 그 늪에서 빠져나와야 한다. 그 아픔을 다 이해해서 하는 말은 아니다. 흔히 '시간이 약이다'라고 하는 것은 자가치료가 된다는 것을 말한다. 시간이 약이면 그 시간이 어떤 사람에게는 한 시간이 될 수도 있고, 어떤 사람에게는 10년, 어떤 사람에게는 평생이 될 수도 있다. 그 시간은 내가 정하는 것이다. '바로 당장' 그 시간을 정해서 치료하면 금방 훌훌 털어버리고 늪에서 빠져나올 수 있다.

자신 안의 열등감이 가져오는 불편한 요소들이 꿈과 희망 그리고 진짜 자기를 찾는 일을 방해한다. 열등감은 자기 자신이 부족하다고 느끼거나 타고난 병적 상태나 비도덕적인 부모나 환경에서 다른 사람 시선에 집중하게 되는 긴장상태를 포함한다. 자기 능력이 다른 사람보다 못하다는 무능감으로 스스로 압박하는 삶을 살아간다. 학력, 성별 등 환경에 따른 열등감도 있다.

열등감이 전혀 없는 사람은 없다. 그것은 자신에 대한 믿음이 없는 사람, 의지가 없는 사람, 열정이 없는 사람이 존재하지 않는 것과 같다. 믿음이 적은 사람, 의지가 약한 사람, 열정이 적은 사람, 열등감이 적은 사람으로는 표현할 수 있다. 없는 사람과 있는 사람으로 나뉘는 것이 아니라 적은 사람과 많은 사람, 낮은 사람과 높은 사람으로 나뉜다.

열등감이 점점 심해지면 열등 콤플렉스로 발전한다. 열등 콤플렉스 안에는 과잉보호를 받아 독립심과 자발성이 없고 남을 위해 베푸는 것을 학습하지 못했으며 관계 안에서 어려움에 부딪혔을 때 적응력 부족에서 오는 열등감이 있다. 자기 존재를 무시당하며 자란 아이라면 열등감에 더 쉽게 빠진다. 부모에게 버려진 아이나 사랑이 없고 문제가 많은 가정에서 자란 아이들은 자기 상황과 달리 어떤 문제를 잘 헤쳐 가는 다른 사람들을 보며 열등감을 키우기도 한다.

열등감은 전 생애에 걸쳐 다양한 양상으로 삶에 영향을 미친다. 열등감은 자신을 공격하기도 하지만 타인을 공격하기도 한다. 자신을 공격하는 형태에는 자아비판이나 자학은 물론 자살까지 있다. 열등감을 알아볼 수 있는 증후에는 비난에 민감하거나 아첨에 과잉반응하거나 남을 쉽게 비난하거나 경쟁에 부정적인 감정을 갖거나 수줍어하거나 겁이 많거나 자주 혹평하거나 박해를 당한다는 느낌 등이 있다. 열등감은 자기감정까지도 통제하며 힘들게 한다.

다른 사람과 갈등이 있을 때 "그게 그렇게까지 화낼 일인가"라고 말하는 것은 자기감정이다. 상대방 마음을 공감하거나 이해하려고 하지 않기에 나오는 말이다. "그래도 그렇지 꼭 그렇게까지 했어야 했나?"라고 되묻지만 꼭 그렇게까지 해야 하는 이유는 상대방에게 있다.

우리는 자신에게 관대한가? 어떤 사람은 자신에게 너무 관대해서 잘못을 인정해야 하는 부분까지도 관대하게 넘어간다. 또 어떤 사람은 자신을 과소평가해서 관대함을 전혀 허용하지 않는다. 여기서 자신에게 관대함이 넘치는 사람은 "그런 것 가지고 저렇게 화를 내냐?"라고 비아냥거린다.

그렇게 말하는 사람은 오해를 받거나 억울한 일을 당하면 더 화를 내는 경우가 흔하다. 이는 잘못된 사고에서 오는 자기중심적인 마음을 관대함으로 착각하는 것이다. 자신을 과소평가하는 사람은 자기 잘못이 아닌데도 '또 내가 잘못했나' 하며 화살을 자신에게 쏜다. 이 또한 '자기비하'에서 오는 사고왜곡이다.

나는, 당신은, 우리는 얼마나 다른 사람의 처지에서 이해하려고 노력했는가? 관계를 잘하려고 애쓰는 삶은 자신의 거짓 희생을 요구하지만 다른 사람 마음을 헤아리려고 애쓰는 삶은 자신을 위해 필요하다. 우리는 시간을 내서라도 다른 사람과 입장을 바꿔 생각하는 연습을 해야 한다. 그것은 타인이 아닌 자신을 위해서다.

타인을 이해하는 폭이 좁으면 누군가에게 물건이나 돈, 공간 등을 빌려주었을 때 기간 안에 갚지 않으면 부정적인 생각이 올라온다. 이는 타인을 이해하는 폭이 좁은 것이다. '옹졸하다'고 표현하기도 한다. 예를 들어 돈을 빌려 도망 가버린 사람에게는 '괘씸하다' '은혜를 이런 식으로 갚나' 등 분노와 원한을 품게 된다. 집 담보로 보증을 해주거나 오래된 지인이라고 믿고 보증을 섰다가 대신 빚을 갚아야 하는 경우도 있다.

타인과 거래할 때는 정확한 절차를 밟아야 한다. 또 가족이나 지인에게 돈을 빌려줄 때는 아예 받을 생각은 하지 않는 게 좋다. 이 말은 돈을 받지 말라는 것이 아니다. 돈을 빌려주되 속 썩게 될 경우를 예상해 못 받을 셈 치라는 의미다. 그만큼 돈 거래는 쉽지 않다. 빌려주는 마음은 충분히 내주는 마음이어야 하고, 빌리는 마음은 반드시 약속을 저버리면 안 된다는 생각을 해야 한다. 타인에게 마음이나 물건을 내줄 때 그 범위는 빌려주는 사람이 결정한다. 빌려주고 자신을 옥죌 것이냐 너그러이 마음을 비우느냐는 내주는 사람 몫이다.

우리는 타인을 위한 마음 씀씀이를 어느 정도 사용하는가? '마음을 쓴다'는 것은 사람이나 일, 어떤 문제 상황에서 좀더 깊이 생각하고 걱정하며 선심을 베푸는 것을 의미한다. 선심은 선량한 마음이며 자기 자신과 타인에게 부끄러움이나 탐욕이 없는 마음이다. 즉 '마음 씀씀이'는 타인을 위해 순수한 마음을 내주는 것이다. 그것도 타인이 필요로 하는 부분의 마음이다. 또 타인이 필요로 하지 않아도 타인을 진실로 존중하고 배려하는 마음도 타인에게 내주는 마음이다.

우리 가요 〈타타타〉의 가사 가운데 '알몸으로 태어나서 옷 한 벌은 건졌잖소'에서 우리는 처음부터 내 것이 하나도 없었다는 것을 안다. 물건뿐만 아니라 내 안의 마음도 스스로 욕심을 내서 채우는 것이 아니었을 것이다. 옷 한 벌을 건지다보니 두 벌이 있으면 좋겠다는 욕망이 생기는 것이다. 백지장처럼 하얀 마음에 선을 베풀어보니 또는 무언가를 요구해 조금씩 채워지다보니 또 다른 것을 욕망하게 되는 것이다. 처음에는 그것이 욕망인지 알아차리지 못한다. 자신 안에 많은 거짓된 마음이 채워지기 시작하면서 세상을 바라보고 타인을 바라보는 눈이 더 좋은 것을 원하고 더 좋은 것을 갖기 위해, 더 좋은 명예를 얻기 위해 자신을 포장하게 된다. 그러면서 선의를 타인에게 쓴다는 것이 자신도 모르게 계산하는 마음으로 변질되었을 것이다.

우리는 타인이 자기 삶을 방해하는 것이 아니라 선의라는 명목 아래 자기 스스로 욕망을 채움으로써 참다운 '나'를 보지 못하는 것은 아닐까? 어쩌면 눈뜬장님으로 삶을 사는 부분이 있지 않을까? 옷이나 구두는 닳거나 뜯어지면 버리는 것이 아니라 수선해서 다시 사용한다. 인생도 수선이 가능하다. 단 수선하고 싶은지 아니면 버리고 싶은지 결정은 자기가 하는 것이다. 수선해서 다른 모습으로 탈바꿈한다면 '진짜 나'로 살 수 있다. '진짜 나'로서 매일 자신에게, 타인에게 마음 쓰는 삶을 살 수 있다면 그것은 축복된 삶이다.

어쩔 수 없는 것을 가지고 끙끙 앓지는 않는다. 그럴 만한 이유가 있었
겠지 하는 생각을 한다. 세상에는 어쩔 수 없는 일이 있기 마련이다.

'한 줄기 빛'은 혼자가 아님을 깨달았을 때 알아챈다

항상 하던 대로 컴퓨터를 켜고 강의 자료를 만들었다. 중간에 다
른 자료를 불러오는 과정에서 불러들여지지 않아서 왜 이러지 생
각하다가 그냥 넘어갔다. 그런데 다음 날도 작동되지 않았다. 3일
째 되는 날도 되지 않아서 무슨 문제가 있나 생각했다. 컴퓨터 수
리 전문가와 통화하면서 알게 되었다. 랜섬웨어 악성바이러스에
걸렸다는 것을 말이다. 더 막막한 일은 모든 자료를 복구할 수 없
고 포맷해야 한다는 것이었다. 백만 원을 쥐도 복구하기가 어렵다
고 했다. 랜섬웨어 복구시스템으로 들어가 정보를 찾아봤지만 회

사가 요구하는 돈을 지불해도 복구는커녕 돈만 받고 사라지는 사례도 있다고 들었다. 20년 넘게 모아둔 자료, 강의안, 동영상 등이 저장되어 있는 메인 컴퓨터였다.

다른 사람들이 그런 일이 있었다고 할 때 나와 다른 세상 얘기겠지 생각했나보다. 바이러스를 먹었다는 것을 알게 된 그날은 심란해서 초저녁부터 잠을 청했다. 역시 깊은 잠을 자지는 못했고 다음 날까지 악몽에 시달렸다. 몸조차 일으키지 못할 정도였다. 아이들이 자면서 하는 잠꼬대에도 짜증을 냈다. 내 마음을 알지 못하는 가족들에게 섭섭했지만 다음 날 설명해줬다. 심리적 충격이 커서 그랬던 것 같다고. 그러고 나니 마음이 좀 편해졌다. 어쩔 수 없는 것을 가지고 끙끙 앓지는 않는다. 그럴 만한 이유가 있었겠지 하는 생각을 한다.

오히려 자신이 직접 정리하지 못하는 것들이 어떤 계기로 완전히 깨끗하게 된다는 것은 삶을 재정비하는 계기가 될 수 있다. 최근 핸드폰에 저장되어 있는 4,300명의 전화번호도 꼭 남겨둬야 하는 연락처만 남기고 모두 삭제하니 500명으로 줄여졌다. 카카오톡도 가족과 지인 몇 명만 남겨두고 모두 메시지를 차단했다. 그 사람들과 관계를 끊은 것은 아니었지만 관계가 어느 정도 정리된 듯 개운했다.

이러한 행동이나 마음이 일반적이지는 않다고 한다. 이런 행동과 마음이 그냥 나왔을 리는 없다. 기대, 욕구, 좌절, 실망감 등 다양하고 미묘한 감정 모두를 포함해서 결국 내 욕심을 버리기 위한 수단과 방법 중 하나였다. '일반적'이라고 말하는 일반적인 상황을 받아들이기보다 자기만의 색으로 살아보니 다른 사람의 따가운 시선을 피하는 것이 힘겹다는 생각이 들 때가 있다. 그래서 일반적이지 않은 것에 가끔 괴로워했고, 다른 사람 눈치를 봐야만 했고, 그들의 조언 아닌 충고로 힘들어야 했다. '왜 사람들이 모두 일반적이어야 하나?' 이 질문에는 결론을 내리지 못했다.

다만, 그래야 그들에게 이해를 받을 수 있기 때문이 아닐까 하는 생각은 들었다. 그래서 일반적이지 못한 내 생각에서 오해의 소지를 만들었다. 자기를 스스로 존중하기보다는 타인의 평가에 많이 익숙해져 있다. 탈피하려고 애써보지만 자신에게도 스며든 타인에 대한 평가를 부정할 수는 없다.

아무런 문제가 없을 때는 전혀 감지하지 못하다가 관계에서 갈등이 생기기 시작할 때 '내가 왜 타인에게 평가되어야 하는가?'에 대한 반문을 하게 된다. 서로의 성장을 위해서 다른 사람 의견을 귀 기울여 듣는 것은 중요하다. 그럼에도 다른 사람 눈치를 보지 말고 자기 길을 가야 하는 이유는 자신 안의 떳떳함과 정직함, 삶의 의지와 열정을 높이 사기 때문이다. 더 중요한 사실은 나 자신이 괜찮다는 것이다.

또 진정으로 공감해주는 사람도 있다. 한두 명만 있어도 고맙고 한두 명이 없더라도 우울하거나 슬프지 않다. 어쩔 수 없는 상황에서는 내려놓게 된다. 내가 할 수 있는 것이 거의 없다는 사실을 알기 때문이다. 대체로 일반적이지 않으면 사람을 시험에 들게 하는 경우가 많다. 처음에는 진실로 대했는데, 어떤 사건을 통해 '그동안 나를 의심하고 시험했구나' 하는 사실을 확인하는 순간 배신감과 충격은 이루 말할 수 없다.

묵묵히 이겨내기를 기다렸던 지인들과 가족 덕분에 그동안의 틀을 깨기 시작했다. "네가 미련해서 그렇지. 너는 맨날 사람한테 당하냐? 네가 문제 있는 거 아니냐?"라고 말하기보다는 "이제야 네가 너답게 살려고 알을 깨고 나온 거야. 잘하고 있어"라는 메시지가 속으로 파고들어가는 내게는 한 줄기 빛이 되었다.

혼자가 아니기에 일어날 수 있다

신앙을 심어주고 싶은 마음에 아이들을 데리고 교회에 갔다. 그리고 아이들을 유아반 교실로 데려가 예배를 보게 했다. 선생님은 천국과 지옥에 대해 얘기하면서 교회에 나온 사람은 천국에 가고 교회에 안 나온 사람은 지옥에 간다고 했다.

어느 날 아들이 걱정스러운 얼굴로 말했다. "엄마! 아빠만 지옥 가면 어떡하지?" "왜?" "교회 선생님이 그러는데, 교회 안 나오면 지옥 가는 거래." 아빠를 걱정하면서 일곱 살 된 아들이 울었다. 그 뒤로 아이들은 교회와 인연을 끊었다. 교회를 나가지 않은 다음에도 아들은 악몽을 꿨다. "엄마! 우리 가족 모두 지옥 가면 어떡해요?" "아들아, 그건 잘못된 말이야. 우리 가족은 지옥에 안 가니까 걱정 마." 마음이 편치 않았고 그 뒤로 교회에 마음을 두는 것이 싫었다.

종교를 갖고 싶어서 교회에 나가는 것은 나의 욕심이었다. 천국과 지옥은 내가 만든다. 하루에도 얼마나 많은 천국과 지옥을 오가는가! 지옥이 뭔지 모르지만 무섭고 두려운 장소임은 틀림없다. 그래서 우리는 뭔지 몰라도 천국을 갈망한다. 현세에서 천국에 살고 싶다면 자신을 괴롭게 하지 않으면 된다. 다른 사람이 자신을 들볶는다고 생각하는 사람도 많다. "너 때문에 내가 이 모양으로 살고 있어." "너 때문에 다 망쳤어."

그런데 '너 때문'이란 게 어디 있을까? 그런 것은 존재하지 않는다. 설령 그런 말을 들을 수는 있다. 그 말을 인정해서 자신을 괴롭힐 것인가는 자신의 선택이다. 자신을 괴롭히는 것은 가족이나 지인이 아니라는 사실을 기억하면 된다. 하루를 사는 동안 지옥과 같은 세상에서 머물고 싶다면 자신을 괴롭히는 것을 선택하면 된다.

　살아가면서 내가 원치 않아도 다양한 사람을 만나며 좌절과 희망을 경험한다. 좌절과 희망은 오는 시기가 각자 다를 뿐이다. 좌절이 왔을 때 덜 절망하려면 늘 마음을 단단하게 훈련해야 한다. 또 희망이 찾아왔을 때 그 기회를 잘 활용하려면 평소 자기관리와 마음공부를 해야 한다.

　내 것이 하나도 없어도 아무것도 나누지 못해 미안한 마음이 있다면 그 미안한 마음을 즉시 버려야 한다. 나누지 못하고 함께 하지 못해도 서로 잘되기를 바라는 마음이 보이지 않을 뿐 가족이나 지인에게 있다는 것을 잊어서는 안 된다.

　코로나19가 확산되면서 '사회적 거리두기' '생활 속 거리두기'라는 말이 쓰이기 시작했다. 사회적 거리두기란 전염병의 확산을 막거나 늦추기 위해 사람들 사이의 거리를 유지하는 감염 통제 조치 또는 캠페인을 말한다. 사회적 거리두기의 행동 요령은 식당에서 식사할 때 한 줄을 비워두고, 외출 및 집단 활동이나 모임을 최대한 삼가고 줄이며, 사람과 접촉한 후에는 손 씻기 생활을 강조하는 등 개인위생수칙을 준수하는 것이다.

　코로나19로 사회적 거리두기 캠페인이 확산되지만 어쩌면 우리에게는 질병 전염과 관련 없이 사회적 거리두기가 필요하지 않을까 하는 생각을 하게 된다.

그렇지 않아도 대한민국은 학연, 혈연, 지연으로 엉키고 또 엉켜 있다. 그것을 피부로 느끼지 않는 사람이 없을 정도다. 같은 대학교가 아니면, 같은 지역이 아니면, 같은 라인이 아니면 출세도 진급도 취업도 되지 않는다. 나라가, 사회가 지금보다 더 아프지 않기를 바란다. 인재를 발굴하고 사람이 사람으로 거듭나려면 그 사람이 가지고 있는 잠재력과 영향력을 볼 수 있는 안목이 필요하다.

암으로 사망하거나 자연재해나 교통사고로 사망하는 경우는 예측할 수 없지만 어느 정도 받아들임이 되어 있다. 그러나 이처럼 예측할 수 없는 바이러스에는 어떻게 대처할지 막막해진다. '자가격리'라는 이름의 외출 자제, 모임 자제, 활동 자제 등은 권고사항이다. 어쩌면 공식적인 권고사항은 아니지만 '나만 아니면 된다'라는 생각을 버리라는 것 또한 권고사항이고 싶을 정도로 안일한 마음을 가진 사람도 있다.

일정 기간 공공기관의 모든 교육이 일제히 멈춤 상태였다. 암울한 마음도 들지만, 한편으로는 우리가 살면서 스스로 멈춤을 해본 적이 있었을까 싶다. 전혀 없었다고 해도 지나친 말이 아닐 정도로 우리 모두는 앞을 향해 가든 그렇지 않든 끊임없이 움직였다.

이렇게 장시간 멈춤 상태는 어쩌면 전 세계 인류에게 숙제가 아닌지 잠시 생각해본다. 지금은 잠시 멈추고 돌아봐야 할 때인가 보다. 이 또한 우리가 견뎌내야 하는 삶인 듯하다.

어른이 된다고 사람 보는 눈이 생기는 것은 아니다. 어쩌면 어른이 될수록 사람을 평가하는 눈이 좁아진다고 하는 게 더 맞을 것이다. 실제로 마음에 병이 있는 사람에게는 자신을 인정해주는 사람이 필요하다. 육체에 병이 있는 사람에게는 의사가 필요하지만, 그 또한 자신을 공감해주는 사람이 필요하다. 마음도 육체도 아닌 사회적 질병(학연, 혈연, 지연)은 완전히 타파해야 더 좋은 것을 얻을 수 있다.

많은 시간이 걸리겠지만 그럼에도 포기하지 않아야 하는 이유는 사람이란 존재로 존속하기 때문이다. 두려워하지도 불안해하지도 약해지지도 말아야 하는 이유는 '나'로서 이 세상이 끝이 나는 게 아니기 때문이다.

■ 독자 여러분의 소중한 원고를 기다립니다

메이트북스는 독자 여러분의 소중한 원고를 기다리고 있습니다. 집필을 끝냈거나 집필중인 원고가 있으신 분은 khg0109@hanmail.net으로 원고의 간단한 기획의도와 개요, 연락처 등과 함께 보내주시면 최대한 빨리 검토한 후에 연락드리겠습니다. 머뭇거리지 마시고 언제라도 메이트북스의 문을 두드리시면 반갑게 맞이하겠습니다.

■ 메이트북스 SNS는 보물창고입니다

메이트북스 홈페이지 www.matebooks.co.kr

책에 대한 칼럼 및 신간정보, 베스트셀러 및 스테디셀러 정보뿐만 아니라 저자의 인터뷰 및 책 소개 동영상을 보실 수 있습니다.

메이트북스 유튜브 bit.ly/2qXrcUb

활발하게 업로드되는 저자의 인터뷰, 책 소개 동영상을 통해 책에서는 접할 수 없었던 입체적인 정보들을 경험하실 수 있습니다.

메이트북스 블로그 blog.naver.com/1n1media

1분 전문가 칼럼, 화제의 책, 화제의 동영상 등 독자 여러분을 위해 다양한 콘텐츠를 매일 올리고 있습니다.

메이트북스 네이버 포스트 post.naver.com/1n1media

도서 내용을 재구성해 만든 블로그형, 카드뉴스형 포스트를 통해 유익하고 통찰력 있는 정보들을 경험하실 수 있습니다.

STEP 1. 네이버 검색창 옆의 카메라 모양 아이콘을 누르세요. STEP 2. 스마트렌즈를 통해 각 QR코드를 스캔하시면 됩니다.
STEP 3. 팝업창을 누르시면 메이트북스의 SNS가 나옵니다.